Guide spirituel des chemins de Saint-Jacques

Guide spirituel des chemins de Saint-Jacques

Sous la direction
de Gaële de La Brosse

www.presses-renaissance.com

ISBN 978.2.7509.0549.1
© Presses de la Renaissance, Paris, 2010.

Avant-propos

Jadis, les guides de pèlerinage, appelés « livrets d'honnêteté » ou « manuels du pèlerin*[1] », conjuguaient les aspects pratiques et spirituels. On y trouvait, d'une part, la description de l'itinéraire et, d'autre part, des prières, cantiques et instructions « pour accomplir saintement sa pérégrination ». Ainsi, au XIIe siècle, le *Guide du pèlerin de Saint-Jacques-de-Compostelle*[2] (reconnu comme étant l'ancêtre des guides de voyage) détaillait-il les étapes des quatre grandes voies historiques et les dévotions à accomplir au cours du chemin.

A contrario, les guides modernes – destinés non seulement aux pèlerins mais aussi aux randonneurs – sont le plus souvent exclusivement consacrés à la logistique (achat du matériel, description des étapes, bonnes adresses, etc.) et abordent rarement les aspects spirituels propres au pèlerinage. Le but du présent guide, s'adressant à ceux qui souhaitent effectuer le chemin de Saint-Jacques autrement que comme une simple randonnée, est de compléter la perspective des ouvrages existants. Il n'évoque donc

---

[1]. Tous les mots suivis d'un astérisque (à leur première occurrence seulement) figurent dans le lexique en fin d'ouvrage.
[2]. Cinquième et dernier livre du *Codex Calixtinus*, recueil de textes consacrés à saint Jacques le Majeur et au pèlerinage de Saint-Jacques-de-Compostelle.

Avant-propos

pas les étapes matérielles de cet itinéraire mais les « paysages intérieurs » successifs que connaît le pèlerin, tant d'un point de vue psychologique que spirituel, sans en oublier les implications pratiques auxquelles sont consacrées les annexes.

Dans cette optique, on trouvera ici des textes bibliques, des épisodes de vie de saints, des évocations historiques et patrimoniales, des citations d'écrivains et de maîtres spirituels, ainsi que des récits et témoignages de pèlerins contemporains d'horizons très divers, qui inviteront les lecteurs à entreprendre ou à poursuivre leur itinérance sous un nouvel éclairage. Car lorsque la marche est une démarche, elle s'enrichit, dans un esprit d'ouverture, par le dialogue et par l'échange.

Ce manuel, qui se glisse facilement dans la poche, se propose ainsi d'être le compagnon de route des jacquets* qui partent vers Compostelle pour assouvir leur quête. Il peut être consulté avant le départ, pour préparer le pèlerinage, et au retour, pour le prolonger. Mais il est également conçu pour nourrir la réflexion et la méditation du pèlerin tout au long de son cheminement.

« Je ne partirai pas seulement en voyage. Je deviendrai moi-même un voyage, un pèlerinage. » Cette phrase de Jean Debruyne, prêtre et poète qui fut l'un des passeurs pour notre temps, résume bien l'ambition de ce guide. Ceux qui ont participé à son élaboration sont heureux d'accompagner ses lecteurs sur ce Chemin qui relie les hommes entre eux et, en chacun, l'âme et le corps, réconciliés dans un même mouvement.

GAËLE DE LA BROSSE

Avant-propos

Cet ouvrage est le fruit d'un travail collectif. Nous tenons à remercier les auteurs pour leur précieuse collaboration :

Gaële de La Brosse a co-dirigé cet ouvrage, coordonné le travail, écrit les textes introductifs des chapitres (excepté le chapitre 1) ainsi qu'une partie des annexes (vade-mecum du jacquet, lexique et bibliographie).

Luc Adrian a établi le choix des citations.

Yvon Boëlle est l'auteur des photographies accompagnant les textes introductifs, excepté celles des pages 19, 103 et 175.

Gilles Donada a réalisé les entretiens et rédigé la page « Au fil du Chemin ».

Karen Guillorel a réalisé les pictogrammes et les dessins (sauf ceux du guide pratique).

Frère Jean-Régis Harmel a choisi et commenté les textes bibliques.

Odile Haumonté a rédigé les épisodes des vies de saints et les histoires « à lire sous les étoiles ».

Humbert Jacomet a écrit le 1er chapitre.

Léonnard Leroux est l'auteur des photographies d'ouverture des chapitres et de la couverture.

Jean-Marc Lucien et l'association Webcompostella ont fourni la liste des accueils, hébergements et offices chrétiens, vérifiés par nos soins.

Christophe Rémond a initié, supervisé et complété l'ensemble de l'ouvrage.

Tous nos remerciements à Mathilde Mahieux, libraire, qui souffla l'idée de ce guide spirituel.

Et à Benoît Mahieux et Pascal Vanhove, de Nord Compo, qui ont composé et créé la maquette de cet ouvrage.

Chapitre 1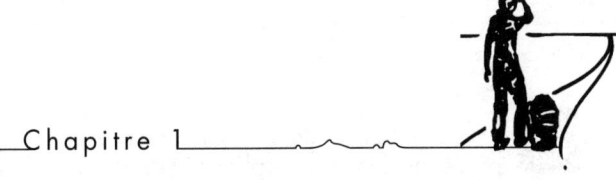

Invitation au pèlerinage

« *Nous sommes ensemble des pèlerins qui,*
à travers des pays inconnus,
se dirigent vers leur patrie.
Que pour vous maintenant et à jamais
Le jour se lève et les ombres s'enfuient. »

FRA ANGELICO

Invitation au pèlerinage

L'Histoire Sainte n'est remémoration que parce qu'elle est prophétie. Pas d'histoire sans avenir. Aussi bien n'y a-t-il pas de pèlerinage sans récit des origines, sans légende fondatrice, sans tradition à transmettre, sans évocation du saint vénéré. De saint Jacques, comme des apôtres en général, les Évangiles, curieusement, n'ont retenu que les traits relatifs à sa mission future. Il est d'abord, avec Jean, son cadet, ce pêcheur de Galilée qui déserte la barque de son père, Zébédée, pour suivre Jésus de Nazareth. Il est ensuite, sur les chemins poudreux de Judée, ce fougueux prédicateur qui aurait voulu déchaîner le feu du ciel sur les nuques raides qui se sont fermées à sa parole et lui ont refusé l'hospitalité, ce qui lui valut le surnom de « Boanergès » – « Fils du tonnerre ». Puis il est le témoin ébloui de la Transfiguration sur le Thabor. Quand il aura assisté à la résurrection de la fille de Jaïre, son ambition n'aura plus de frein. À la stupéfaction des autres disciples, la mère de Jacques et Jean viendra demander pour ses fils les meilleures places dans le royaume dont parle Jésus. Mais Lui se tourne vers eux : « Pouvez-vous boire la coupe que je vais boire ? » Et Jacques de répondre : « Oui, nous le pouvons – *possumus !* » Pourtant, il est aussi l'homme aux paupières alourdies de fatigue qui n'a su veiller plus d'une heure au jardin

Chapitre 1 Invitation au pèlerinage

de Gethsémani, piteux spectateur de la Passion. Mais Jacques se ressaisit et, premier des apôtres, ravit la couronne du martyre, ayant obtenu le privilège d'être décapité sur l'ordre d'Hérode Agrippa Ier, comme Jean le Précurseur l'avait été par Hérode Antipas.

Or c'est au moment où il sort de l'histoire, bizarrement, que saint Jacques se prépare à y faire une entrée fracassante. Il lui aura fallu une longue rumination. Plus profonde aura été la nuit de l'oubli, cet ensevelissement dans les ténèbres du malheur, plus soudaine et imprévisible sera sa résurrection, là-bas, au Finisterre de Galice. Mais que vient-il y faire au juste, sinon récolter au centuple ce qu'il a si durement semé sur sa terre natale ? N'est-ce pas là-bas, dans le granit de Galice, qu'il a imprimé à jamais le sceau de son corps, comme le veut la légende, à Padrón précisément où gît ce *petronus*, autel ou amarre taillé dans le roc de la foi ? Elle est omniprésente, cette grosse pierre, qu'elle le porte miraculeusement sur les flots ou qu'elle lui serve de siège et d'assise. Si cette pierre d'angle est le fondement de sa mission, n'est-ce pas aussi parce qu'elle est l'enclume qu'il a arrosée de son sang en courbant la tête ? Au vrai, cette pierre angulaire n'est autre que celle dont se débarrassent souvent les bâtisseurs de l'histoire humaine. Elle incarne cet homme – « *Ecce homo* » – dont Pierre, saisi de crainte, a dit par trois fois : « Non, vraiment je ne le connais pas ! ». Elle est cette pierre qui arrache à saint Jacques ce cri d'angoisse : « *A finibus terrae ad te clamavi : dum anxiaretur cor meum in petra exaltasti me* – Des confins de la terre, j'ai crié vers toi : alors que mon cœur était oppressé, tu m'as élevé sur le roc ! » Pour finir, c'est sur cette pierre, qui l'a maintenu au-dessus de l'abîme, qu'est construite la merveilleuse demeure de l'Apôtre, celle que découvre le pèlerin au terme de sa longue odyssée. C'est au-dessus d'elle que scintille l'étoile de saint Jacques, là-bas, où retentit son appel, au bout de la Voie lactée, chemin des âmes, miroir des pèlerins fourmillant comme grains de sable, ce grand peuple processionnant vers lui, dont il est désormais le pasteur.

Qu'on ne s'y trompe pas : c'est bien Jacques le Majeur que l'on découvre à Compostelle, aux portes comme au cœur de sa cathédrale. Le voici debout, splendide « *athleta Christi* », brillant de l'éclat du marbre à la Puerta de las Platerias. Il y est le témoin de la Transfiguration. « *Hic in monte Ihesum miratur glorificatum* », dit l'inscription qui l'accompagne. Et lui montre, gravée sur son livre, la salutation du Christ ressuscité : « *Pax vobis.* » Mais il se tient également, adossé au trumeau du portail qui chante sa gloire, face au soleil couchant, sous le Christ de la Parousie. Il y est assis, rayonnant de beauté, sur le chapiteau qui couronne l'arbre de Jessé, car il est par excellence le chantre de l'Incarnation. Le *Credo* des Apô-

Chapitre 1 Invitation au pèlerinage

tres[1] ne met-il pas dans sa bouche cette affirmation inouïe : « Il a été conçu du Saint-Esprit, est né de la Vierge Marie » ? Enfin, il est là, trônant généreusement au-dessus du maître-autel, dans son sanctuaire, flatté par l'or et l'encens, ce qui ne l'empêche pas d'être accessible à la prière comme aux embrassades de ses pèlerins. Aucun doute, c'est bien lui, le fils de Zébédée, le Boanergès. En veut-on une preuve irréfutable ? Depuis la fondation de son église, au chevet, la ronde des autels évoque la mémoire de l'événement du Thabor : au centre, la chapelle d'axe est consacrée au Sauveur, tandis qu'à ses côtés s'arrondissent les absidioles respectivement dédiées à Pierre, Prince des Apôtres, et à Jean l'Évangéliste, frère de Jacques, « le disciple que Jésus aimait », celui à qui Marie fut confiée au pied de la croix : « Fils, voici ta Mère ». Enfin, au-devant, juché sur son mausolée, réside Jacques, le troisième témoin.

À Compostelle, le mystère qui se joue est celui de la Transfiguration. Aussi est-ce transfiguré que le pèlerin en revient. Non qu'il y ait eu apparemment beaucoup de changement en lui. Rien d'une révolution, seulement l'indice d'une conversion. Il est bien le même, celui

---

1. L'idée que le *Credo* ou « Symbole de la foi » était l'œuvre des apôtres a été accréditée dès le IVe siècle. On entend ainsi par « *Credo* des Apôtres » le fait de représenter chacun des Douze tenant un phylactère ou un panonceau sur lequel est écrit l'article qu'il professe. À Jacques Le Majeur revient l'affirmation du dogme de l'Incarnation.

qui peinait hier ou ce matin encore sur la côte et qu'a envahi tout à coup une joie irrépressible, celle d'avoir vu et vaincu. Seulement, à son insu, un chemin s'est frayé dans son cœur, qui, lui, est sans fin. De ce cœur fermé, parfois dur comme la pierre, le bâton de l'apôtre a fait peu à peu sourdre une eau vive. Cette voie nouvelle ouverte en lui, quelle est-elle sinon l'appel mystérieux du Christ? Car à qui pourrait bien mener saint Jacques sinon à celui qui a dit : «Je suis le Chemin, la Vérité et la Vie»? Quel autre mystère pourrait se jouer à la table eucharistique qu'encense le *botafumeiro** sinon celui de la transsubstantiation? Il n'en avait pas été autrement à Emmaüs : «C'est Lui, nous l'avons rencontré, nos yeux se sont ouverts (à la fraction du pain), nos cœurs n'étaient-ils pas brûlants tandis qu'il nous parlait en chemin?» N'est-ce pas le fin mot de l'histoire, celle qui a inspiré à Alphonse Dupront cette observation pénétrante : «À longueur de siècle, y compris celui d'aujourd'hui, le pèlerin de Compostelle s'en est allé à la rencontre de "monseigneur saint Jacques". Les textes le confirment à l'envi : il n'est pas question du tombeau, mais du saint en personne. C'est lui qui attend, là-bas, au bout de l'interminable route[1].»

Incontestablement, il se passe quelque chose sur les chemins de monseigneur saint Jacques.

---

1. Alphonse Dupront (dir.), *Saint-Jacques-de-Compostelle. Puissances du pèlerinage*, Brepols, 1985, p. 213.

Chapitre 1 Invitation au pèlerinage

Manifestement, l'apôtre est à l'œuvre et, avec lui, le Christ et l'Église, pèlerine dans le monde. L'histoire ne s'est donc pas arrêtée, celle des merveilles de Dieu sur la terre des vivants. Mieux, elle continue. C'est pourquoi, ami lecteur, l'aventure dans laquelle tu entres est aussi singulièrement ton histoire, celle qu'il t'appartient d'écrire avec ton cœur au rythme de tes pas. ■

HUMBERT JACOMET

Chapitre 2

L'appel de la route

*« Il faut commencer
par le commencement.
Et le commencement de tout
est le courage. »*

VLADIMIR JANKÉLÉVITCH

L'appel de la route

Sur l'une des miniatures qui illustrent *Le Pèlerinage de Vie humaine*[1], un ange vient apporter un bourdon* au voyageur couché au bord du chemin. L'apparition de ce messager céleste inaugure une nouvelle étape, un nouveau démarrage dans la vie de cet homme. Alors que le temps semblait s'être arrêté, et que le désespoir commençait à poindre, il se voit invité à reprendre la route. D'ailleurs, s'il fallait imaginer ici une parole pour animer le tableau, ce pourrait être la fameuse injonction du Christ au paralytique : « Lève-toi et marche ! »

Même si elle n'est pas aussi spectaculaire, l'aventure du pèlerin de Compostelle commence par un épisode comparable. À l'aube du voyage retentit en effet un appel. L'invitation d'un ami, la lecture d'un livre ou encore, de manière moins tangible, une petite voix intérieure qui survient lorsqu'on ne l'attend pas, et s'installe au creux de l'âme en répétant, inlassablement : « Pourquoi pas toi ? » Le jour où cette interpellation se fait trop pressante, il faut y répondre...

Comment qualifier cet appel ? Les philosophes parleraient d'« impératif catégorique », mais

---

[1]. *Le Pèlerinage de Vie humaine* a été écrit au XIVᵉ siècle par le moine Guillaume de Digulleville. Paule Amblard en a récemment effectué une édition illustrée des splendides miniatures originales (Flammarion, 1998).

Chapitre 2 **L'appel de la route**

La restitution du bourdon au pèlerin endormi dans Le Pèlerinage de Vie humaine. *Miniature, Bibliothèque Sainte-Geneviève, Paris, ms 1130, XIVe siècle.*

les pèlerins ont plus de mal à le définir. « Cela venait de s'imposer à moi comme une évidence, confie l'un d'eux, une chose que je devais faire, à laquelle je ne pouvais ni ne voulais plus échapper[1]. » En revanche, les circonstances sont plus aisées à identifier. Le projet du pèlerinage survient généralement à un tournant de la vie,

---

1. Michel Bureau, sj, *Pèlerin ! Marcher vers Compostelle*, Vie chrétienne, 2002, p. 5.

lorsqu'une faille se dessine dans le parcours linéaire d'une existence : une séparation, une maladie, la mort d'un proche, un licenciement. Le choix du départ s'impose alors.

Et c'est à partir de ce moment-là que le Chemin commence. En effet, comme le rappelle le dicton, un voyage n'est accompli que lorsqu'on l'a fait trois fois : une fois avant le départ, une fois sur la route, une fois au retour. Ce premier cheminement n'est pas des moindres, car la décision du départ se heurte souvent à de multiples obstacles qui tentent de l'infléchir : une proposition de vacances alléchante, des soucis financiers réduisant le budget, une maladie qui affaiblit le corps... Pourquoi ces épreuves ? se demandera-t-on. Elles surviennent pour signifier l'importance du pèlerinage qui se profile à l'horizon d'un avenir proche. L'existence sait ici qu'elle se met «en risque», car un tel acte n'est pas anodin. Répondre à l'appel de la route malgré la tentation d'y renoncer, c'est accepter ce risque. C'est accepter, en connaissance de cause, les bouleversements qui pourront en résulter. C'est aussi accepter, tout simplement, de suivre son chemin. Son propre Chemin. ■

Chapitre 2 L'appel de la route

« Je partirai, m'étais-je dit ce matin de septembre en Dordogne. Un vallonnement de prairies se perdait dans les sous-bois de châtaigniers. Tout était parfait. Aucun bouleversement n'avait encore ébranlé les vies autour de moi.

Cela se fera. En juin prochain, je m'en irai à Compostelle. Et cette pensée si simple, si nécessaire, était la résultante de mille courants tourbillonnaires et, finalement, convergents où le désir de marcher (et le style qui en découle – cette élégance faite de recueillement et de détachement), l'amour du dehors et de ses chlorophylles poétiques, s'alliaient à la nécessité d'en finir avec des formes et des contenus religieux trop rabâchés, avec un langage devenu logorrhée, dénué de tout sens vital à force de vouloir donner réponse à tout. Et je pensais à François d'Assise, renvoyant dans un même geste son père à ses commerces et tous ses vêtements aux orties, je pensais à Segalen, à Joë Bousquet et au Zénon de *L'Œuvre au noir*, à tous ces pèlerins, mobiles ou immobiles, aventuriers du sens, qui vivaient en moi. Était-ce le simple désir de se lever et de sortir ? C'était en tous les cas indiscutable. » ∎

(Édith de La Héronnière, *La Ballade des pèlerins*, Mercure de France, 1993, p. 21-22.)

Le chemin d'un témoin

Père Georges Bernès
(prêtre à Montesquiou,
dans le Gers, auteur de guides)

— *Quand avez-vous entendu l'appel du chemin de Compostelle ?*

— Quand j'étais enfant, par mon instituteur laïc, car nous habitions sur la voie d'Arles. J'ai ensuite complété ces connaissances par quelques lectures. Depuis, je n'ai cessé de penser au Chemin. C'est en 1961, à 40 ans, que j'ai enfin pu partir avec un compagnon de 18 ans, devenu depuis le doyen de la faculté de droit de Valladolid. Comme aucun topoguide n'existait, j'avais étudié le tracé du chemin, village par village, dans un ouvrage réalisé par trois universitaires espagnols. Nous sommes partis de mon village natal, Montesquiou, et nous avons mis 33 jours pour arriver à Saint-Jacques. Je peux dire qu'ils ont été les plus beaux de ma vie. Je suis né sur le Chemin, j'ai enseigné et exercé mon ministère dans des villes où passait le Chemin... et je mourrai sur le Chemin.

— *Comment expliquez-vous l'attirance croissante pour ce Chemin ?*

— Il a toujours suscité intérêt, curiosité, admiration. L'attirance vers l'ouest a marqué l'histoire des grandes conquêtes et expéditions de notre histoire. Et à la différence des pèlerinages de Rome et de Jérusalem, on ne parle de « chemin » que dans le cas de Saint-Jacques-

Chapitre 2 L'appel de la route

de-Compostelle. Le chemin à parcourir a autant d'importance que la destination à atteindre. Un ami prêtre m'a un jour expliqué que le chemin de Saint-Jacques suivait, en partie, une ligne tectonique... Il y a aussi la personnalité de l'apôtre Jacques, dont j'ai toujours admiré le caractère fort, et qu'on surnommait dans les Évangiles, avec son frère Jean, « les fils du tonnerre ».

— *Quelles sont les meilleures motivations pour partir ?*

— Elles sont très variées. On peut partir dans un but spirituel, sportif, artistique, culturel... L'important, c'est de ne rien manquer. Faire le chemin de Saint-Jacques, c'est remonter les siècles. La rencontre avec un calvaire, une petite chapelle, une église favorise l'élévation de l'âme, dans le silence. Tous ces monuments témoignent de la présence pèlerine depuis le Moyen Âge.

— *Et quelle disposition d'esprit ?*

— Pour partir, il faut une âme large et humble : sur la route, personne ne doit rien au pèlerin, il est à la merci des gens pour se nourrir, pour se loger. Cette disposition permet de tout accepter (la pluie, la fatigue, le vent). Quand on est habité par cette humilité, tout est joie : on oublie le temps présent, on est dans l'histoire, dans l'art, dans la spiritualité. Sur le chemin, nous ne sommes qu'une toute petite créature, et c'est tellement grandiose ! ∎

Le chemin de la Bible

 Premier Livre de Samuel (3, 7-11). Samuel ne connaissait pas encore le Seigneur. La parole du Seigneur ne s'était pas encore révélée à lui. Le Seigneur appela encore Samuel pour la troisième fois. Il se leva et alla trouver Eli. Il lui dit : « Me voici, puisque tu m'as appelé. » Eli comprit alors que le Seigneur appelait l'enfant. Eli dit à Samuel : « Retourne te coucher. Et s'il t'appelle, tu lui diras : "Parle, Seigneur, ton serviteur écoute." » Et Samuel alla se coucher à sa place habituelle. Le Seigneur dit à Samuel : « Voici que je vais accomplir une chose en Israël, à faire tinter les oreilles de quiconque en entendra parler. »

Prendre le chemin de Saint-Jacques-de-Compostelle est un rêve que l'on nourrit depuis longtemps, ou l'idée surgit d'un coup. Chaque fois, il s'agit d'obéir à une nécessité intérieure, de répondre à un appel personnel plus fort qu'un simple désir. Risquer de vivre « cela ». Peu importe les obstacles : il faut partir!

Pourquoi est-ce que je désire partir? Quelles sont les vraies raisons qui me poussent à prendre la route? Qu'est-ce que j'attends de ce pèlerinage? Ne serait-il pas nécessaire, maintenant, de tout remettre entre les mains de Dieu?

Chapitre 2 L'appel de la route

 Saint Ignace de Loyola (1491-1556). Après dix années passées à la cour de Castille et dans l'armée, Ignace est blessé par un boulet à la jambe droite. Immobilisé, il ne trouve à lire que la vie du Christ et des saints ; il en est bouleversé et se convertit. Rétabli, il décide de partir en pèlerinage. Il se confesse, reste trois jours en prière à la manière des chevaliers, offre ses habits militaires et ses armes à la Vierge Noire de Montserrat, revêt une tunique et se met en route en février 1522. Arrivé à Rome où il est béni par le pape Adrien VI, puis à Jérusalem où il demeure trois semaines, il est de retour à Barcelone en mars 1524 et fonde la Compagnie de Jésus. ■

 « Si tu aimes, il faut partir. » ■

BLAISE CENDRARS

« À force de sacrifier l'essentiel pour l'urgent, on finit par oublier l'urgence de l'essentiel. » ■

EDGAR MORIN

« Je voudrais te transmettre le frisson des départs dans l'allégresse des matins silencieux. » ■

XAVIER GRALL

Le chemin des hommes

« Seul le Chemin est objet de première nécessité. » ■

JEAN DEBRUYNE

« Il n'y a que les routes pour calmer la vie. » ■

ROGER NIMIER

« Malgré la force des chaînes qui te retiennent, va-t'en loin et entreprends un long voyage. Tu pleureras ; de ta bouche s'échappera le nom de l'amie que tu quittes et souvent ton pied s'arrêtera en chemin. Continue, et force tes pieds à courir malgré eux.

Ne demande pas combien il y a de kilomètres derrière toi mais plutôt combien il t'en reste à parcourir, et n'invente pas d'excuse pour rester dans le voisinage. Ne compte pas les jours. Puis, mille soulagements à ta peine seront fournis par la campagne, par tes compagnons de voyage et par la longueur de la route. Mais il ne suffit pas de s'éloigner. Que ton absence soit longue et dure jusqu'à ce que la cendre perde ses forces et ne renferme plus de braise. Si tu reviens trop tôt, avant que ton âme soit bien raffermie, l'amour rebelle tournera contre toi ses flèches cruelles. Peu importera alors la durée de ton absence, tu reviendras ardent. » ■

OVIDE

De l'intercession à l'action de grâces

À lire sous les étoiles

En 1108, un homme qui n'avait pas d'enfant se rendit sur le tombeau de saint Jacques pour le supplier de lui accorder une descendance. À son retour, il connut sa femme et elle fut enceinte. Elle donna naissance à un fils qu'ils prénommèrent Jacques. Ils firent alors la promesse d'accomplir un pèlerinage d'action de grâces lorsque l'enfant serait en âge de les accompagner. Quand ce dernier eut 15 ans, ils décidèrent d'honorer leur vœu et de se rendre en pèlerinage au tombeau de l'Apôtre. Alors qu'ils s'approchaient de Burgos, l'enfant tomba malade et mourut. Ses parents crurent devenir fous de douleur. Durant deux jours, ils ne purent que pleurer et se lamenter, puis la mère se mit à prier ainsi : « Saint Jacques, à qui Dieu a conféré le pouvoir de me donner un fils, rends-le-moi maintenant ! » En présence de tous ceux qui entouraient les parents et voulaient enterrer le garçon, celui-ci s'éveilla comme s'il sortait d'un lourd sommeil. Il raconta que saint Jacques avait recueilli son âme quand elle était sortie de son corps et l'avait gardée contre lui pendant deux jours, attendant un signe du Seigneur pour lui faire regagner son enveloppe charnelle. Ils continuèrent leur route, chantant les louanges de Dieu et de son Apôtre. ∎

Chapitre 3

Le départ

« Un voyage de mille lieues commence par un pas. »

LAO TSEU

Le départ

 Au Moyen Âge, le jacquet partait généralement de chez lui pour rallier la lointaine Galice. Puis il rejoignait l'une des quatre villes mentionnées par *Le Guide du pèlerin* (Tours, Vézelay, Le Puy-en-Velay et Saint-Gilles) pour retrouver d'autres voyageurs et cheminer en leur compagnie. Aujourd'hui, il peut choisir son lieu de départ et, parmi les variantes proposées pour chaque voie, tracer l'itinéraire qui lui convient.

Certains choisissent cependant leur domicile comme point initial de cette grande aventure. Ils illustrent ainsi fidèlement l'étymologie du terme « pèlerin* », « celui qui va au-delà de son champ ». Le symbole est fort : peut-on imaginer geste plus significatif que de fermer sa porte à clef et de jeter celle-ci dans sa boîte aux lettres, en signe d'abandon ? Il suffit pour s'en convaincre de se remémorer le dialogue du Christ avec sainte Gertrude d'Helfta : « Donne-moi, lui dit-il, la clef qui me permette de prendre et de remettre tout ce qu'il me plaira. — Et quelle est donc cette clef ? s'enquit la sainte. — Ta volonté propre, lui répondit le Christ. »

Mais la plupart élisent comme point de départ l'un des lieux consacrés par la tradition, dont le patrimoine est riche de spiritualité. À Paris, le pèlerin s'élance de la tour Saint-Jacques, puis remonte la rue du même nom ; et s'il préfère,

Chapitre 3 Le départ

Grille que le pèlerin franchit pour s'élancer sur la via Podiensis. Cathédrale Notre-Dame-de-l'Annonciation du Puy-en-Velay (Haute-Loire), XVIIIe siècle.

pour aborder cette *via Turonensis*, partir de Tours, il se recueillera devant les reliques de saint Martin, dans la crypte de la nouvelle basilique. Sur la «colline éternelle» de Vézelay, où commence la *via Lemovicensis* (ou voie limousine), c'est sainte Marie-Madeleine qui bénira sa route. Au Puy-en-Velay, le voyageur est également invité à commencer son périple sur la *via Podiensis* dans les hauteurs : à Saint-Michel d'Aiguilhe, sanctuaire de l'Archange, ou dans la cathédrale où la Vierge Noire l'enrobe de son profond mystère. Dans la nécropole des Alyscamps, enfin, au départ de la *via Arletanensis*[1], il remontera l'allée qui porte le nom provençal des «Champs Élysées», où la mythologie grecque situe le séjour des gens vertueux; puis il vénérera la mémoire des nombreux saints qui ont marqué cette ville.

Quel que soit le lieu retenu, l'instant du départ est solennel. «Dieu tout-puissant, sois favorable à ton pèlerin qui part sur le chemin de Compostelle et dirige ses pas selon ta volonté[2]», dit le prêtre en accordant sa bénédiction. Ces paroles constituent l'envoi du jacquet, qui se trouve investi d'une nouvelle identité. Lorsqu'il franchit le seuil de l'édifice sacré, il apparaît en effet au grand jour, vêtu en voyageur. On pourrait presque parler d'une «prise d'habit», qui signale son nouvel état. Il peut, à présent, faire ses premiers pas sur la route. Aux yeux de tous, il est devenu pèlerin. ∎

---

1. La *via Arletanensis*, au départ d'Arles, est aussi appelée *via Tolosane*, car elle passe par Toulouse.
2. Voir la prière du départ, annexe 3.

Chapitre 3 **Le départ**

«Oui, je pars et mesure cette rupture qui va me couper des miens et de tout ce à quoi je tiens. Une séparation que j'accepte résolument. Un renoncement librement choisi. J'ai fait ce choix, même si au départ une certaine angoisse me tenaille, angoisse née des mille et une questions que je me pose sur mes capacités physiques et morales à supporter un tel périple.

L'idée de revêtir la pèlerine n'est donc pas née chez moi d'un quelconque coup de tête, de je ne sais quelle envie de dépaysement, d'une soif d'aventure, d'un besoin de faire comme les autres ou de participer à cet élan collectif qui pousse nombre de jeunes et de moins jeunes à faire le chemin de Saint-Jacques comme d'autres, à d'autres époques, se précipitaient sur les chemins de Katmandou. Elle est au contraire la suite logique d'une longue réflexion, d'un mûrissement né d'une question simple que tout homme sans doute se pose à un moment donné de son existence : la vie telle que je l'ai menée jusqu'à présent est-elle bien en accord avec ce que je suis réellement, avec ce que je voulais profondément, avec ce que les autres, les miens et ceux qui m'entourent, attendaient et attendent aujourd'hui encore de moi ? Est-elle bien accrochée à l'essentiel de mon être ?» ■

(Jean Chaussade, *Itinérances. Un pèlerin sur le chemin de Saint-Jacques*, Téqui, 2003, p. 14.)

Le chemin d'un pèlerin

Père Emmanuel Gobilliard
(recteur de la cathédrale
du Puy-en-Velay, en Haute-Loire)

 — *Comment accompagnez-vous le départ des pèlerins à la cathédrale du Puy-en-Velay ?*

— Au relais Notre-Dame, les pèlerins se retrouvent pour faire connaissance, poser leurs questions, exprimer leurs inquiétudes, obtenir des conseils matériels. À la cathédrale, des prêtres sont disponibles pour une rencontre plus personnelle et spirituelle. La messe de 7 heures du matin est célébrée à leurs intentions, et à celles de leurs proches et familles. Elle se conclut par la prière de bénédiction et par une halte devant la Vierge Noire, Notre-Dame du Puy. Avant de prendre la route, les pèlerins reçoivent une médaille frappée à l'image de la Vierge et de saint Jacques et, s'ils le souhaitent, une créanciale*, qu'ils présenteront dans les lieux d'hébergement.

— *Comment vivez-vous ces départs ?*

— Je suis toujours admiratif de la diversité et de la motivation des pèlerins, du sérieux de leur démarche, de leur attention particulière à la prière de bénédiction, et aussi de leur émotion. Pour la plupart, ce voyage est une décision mûrement réfléchie. Je suis frappé par le fait que beaucoup présentent une raison officielle de leur départ à leurs proches et à ceux qui

Chapitre 3 **Le départ**

les interrogent, mais au cours de la rencontre personnelle avec le prêtre, ils expriment une deuxième raison qui est la principale : une raison plus profonde, plus spirituelle et qui les concerne personnellement.

— *Qu'est-ce qui vous touche dans ce dialogue ?*

— Confrontés à des situations difficiles (problèmes relationnels ou de travail, questions sur le sens de la vie), ces pèlerins ne baissent pas les bras, ils veulent réagir. Ils prennent ainsi le risque de se retrouver face à eux-mêmes pour mieux se connaître. Ils choisissent de se remettre en question et d'entrer dans une démarche de transformation intérieure. Ils sont également prêts à se laisser surprendre par les rencontres (avec les autres, avec Dieu). C'est très beau !

— *Quels conseils donneriez-vous au pèlerin qui s'apprête à partir ?*

— Avoir un esprit mendiant, c'est-à-dire être capable de dire à l'autre qu'on a besoin de lui non pas uniquement pour des raisons matérielles, mais pour ce qu'il est. Cela permet de cultiver de belles relations durables… Plus concrètement, être prêt à changer son itinéraire en fonction d'une rencontre (ou d'un lieu) qu'on a découvert, être ouvert à tout type d'hébergement, et ne pas avoir peur de la promiscuité. ■

Le chemin de la Bible

Genèse (12, 1-4). Le Seigneur dit à Abram : « Pars de ton pays, de ta famille et de la maison de ton père vers le pays que je te ferai voir. Je ferai de toi une grande nation et je te bénirai. Je rendrai grand ton nom. Sois en bénédiction. Je bénirai ceux qui te béniront, qui te bafouera je le maudirai ; en toi seront bénies toutes les familles de la terre. » Abram partit comme le Seigneur le lui avait dit.

Un événement, une rencontre personnelle, un témoignage, et voilà le rêve qui se concrétise. La décision est prise : je partirai. En randonneur sur le GR, en pèlerin de sanctuaires en sanctuaires ? Le tri se fera probablement au cours du Chemin à moins qu'il n'y ait une certitude de départ qui pourra d'ailleurs évoluer. Car le touriste peut devenir pèlerin et celui-ci ne manquera pas de découvrir ce qui vaut le détour.

Suis-je réellement prêt à quitter mon pays, ma famille, mes attaches, en me laissant guider par la Providence ? Et si c'était l'appel plus profond à quitter mes certitudes, mon ego encombrant, mes idées, mes vertus et mes plans tout tracés ?

Chapitre 3 **Le départ**

 Saint Paul (8-65). À 15 ans, le juif Saül quitte Tarse pour étudier à Jérusalem. Dix ans plus tard, il est envoyé à Damas afin d'y faire emprisonner les membres d'une secte nommés « chrétiens ». Ébloui par une vive lumière, il s'effondre dans la poussière du chemin et reçoit une vision : « Qui es-tu ? — Je suis Jésus, celui que tu persécutes. » Quand il se relève, ses pas sont hésitants comme ceux d'un enfant : il est aveugle. Ses compagnons le prennent par la main pour le conduire à Damas, lieu d'un nouveau départ. La prière de ceux qu'il pourchassait lui rend la vue. Le chemin de Saül le Pharisien s'arrête ici ; la route de l'apôtre Paul ne fait que commencer. ■

 « C'est toujours en tremblant qu'on fait le premier pas. » ■

SYLVAIN TESSON

« Quitter sa maison, sac au dos, bâton à la main, n'est pas aussi simple qu'on veut bien le dire. Animaux grégaires, nous avons tellement besoin d'être rassurés par la bande qui campe à notre seuil que le fait de sortir, même provisoirement, du territoire n'est pas sans conséquence [...]. D'autant que le sac à dos, qui par la force des choses prêche l'ascétisme, n'est pas fait pour stimuler le moral. Bref, l'unique conseil qui vaille en la matière est de tourner la clé le plus vite possible et de multiplier les pas. Sans se retourner. » ■

JEAN-CLAUDE BOURLÈS

Le chemin des hommes

« Le soleil n'est jamais si beau qu'un jour où on se met en route. » ■

JEAN GIONO

« Chaque jour je dis adieu. Le véritable adieu ne sera plus alors qu'une petite confirmation de ce qui se sera accompli en moi de jour en jour. » ■

ETTY HILLESUM

« Dès qu'il a placé le premier pas sur la route, le pèlerin sait qu'il se perd dans le monde, et qu'à mesure qu'il avancera il se perdra de mieux en mieux. » ■

ANDRÉ DHÔTEL

« Nous sommes en chemin entre deux invisibles. Celui dont on vient. Celui qui vient vers nous. Allons-y courageusement. » ■

JEAN CARTERET

« Commencer par soi, mais non finir par soi ; se prendre pour point de départ, mais non pour but ; se connaître, mais non se préoccuper de soi. » ■

MARTIN BUBER

« L'homme ne se trouve que s'il consent à être trouvé. » ■

JEAN DE LA CROIX

Le serviteur du dieu de la mer

En 1101, un homme originaire de la Frise (Pays-Bas) prit le commandement d'un bateau pour conduire des pèlerins à Jérusalem. La mer était calme, les vents favorables. Soudain, un navire ennemi les attaqua afin de les capturer comme esclaves. La bataille faisait rage quand le Frison tomba à l'eau, entre les deux bateaux, « revêtu de sa cotte de mailles, de son casque et tenant son bouclier ». Entraîné vers les profondeurs par son équipement, il pria avec ferveur : « Glorieux saint Jacques, daigne me libérer avec tous ces chrétiens qui t'ont été confiés. » Apparaissant au fond de la mer, saint Jacques lui tendit la main et l'homme se retrouva sain et sauf sur le pont de son bateau. L'Apôtre s'adressa au capitaine ennemi : « Si tu ne laisses pas partir ce navire de chrétiens, je te remettrai en leur pouvoir. » L'autre, à ces mots, ne put s'empêcher de ricaner : « Es-tu le dieu de la mer, toi qui résistes en mer à nos gens ? — Je ne suis pas le dieu de la mer, répondit saint Jacques, mais le serviteur du dieu de la mer, et je viens en aide à ceux qui sont en perdition. » Le navire ennemi fut pris dans une tempête tandis que le bateau des pèlerins accostait en Terre sainte. Le Frison se rendit, l'année même, à Compostelle. ∎

Chapitre 4

Les attributs du jacquet

« Qu'est-ce que le bâton, sinon l'espoir ? »

JACQUES GRETSER, s.j.
(XVIᵉ-XVIIᵉ SIÈCLE)

Les attributs du jacquet

Dans l'ancien monastère de Saint-Avit-Sénieur, en Dordogne, deux tombes de pèlerins furent découvertes lors de fouilles archéologiques. Les jacquets y avaient été enterrés avec les emblèmes de leur pèlerinage vers le tombeau de l'Apôtre : la coquille*, la besace et le bourdon, dont il ne subsiste que la pointe ferrée. Quelques trouvailles similaires furent faites dans d'autres sépultures, en France et dans plusieurs pays d'Europe. Ces vestiges médiévaux montrent que, au-delà de leur aspect pratique, ces attributs possédaient un caractère hautement symbolique.

Le bourdon revêt, d'après le sermon *Veneranda dies*[1], trois fonctions principales : soutenir la progression du marcheur dont il est le «troisième pied», aider à lutter contre les chiens et les loups mais aussi, au sens figuré, contre les pièges du démon. Il devient ainsi, dans la *Chanson du Devoir des pèlerins*[2], le «bâton d'espérance, ferré de charité, revêtu de constance, d'amour et de chasteté». Ce bourdon est surmonté d'un ou de deux pommeaux où est accrochée la calebasse*, courge séchée et vidée pour être remplie d'eau.

---

1. Sermon du pape Calixte figurant dans le livre 1 du *Codex Calixtinus*.
2. Texte diffusé par la littérature de colportage au XVIIIe siècle.

Chapitre 4 **Les attributs du jacquet**

Pèlerin muni des attributs traditionnels. Grande verrière de l'église Saint-Nicolas de Châtillon-sur-Seine (Côte-d'Or), XVIe siècle.

Quant à la besace (également appelée, selon les époques, écharpe, mallette ou panetière), qui contient la nourriture, elle doit respecter trois conditions : être étroite, car le pèlerin, confiant dans le Seigneur, ne doit pas compter sur ses propres ressources ; être fabriquée en

Les attributs du jacquet

peau de bête, pour rappeler au voyageur qu'il doit mortifier sa chair ; rester toujours ouverte, prête à donner et à recevoir.

Enfin, le jacquet se distingue par sa tenue vestimentaire : le chapeau à large bord, qui protège à la fois du soleil et de la pluie, le surcot puis, plus tard, la pèlerine descendant jusqu'aux chevilles. Sur ces vêtements, il porte souvent un insigne* représentant une coquille, qui deviendra son emblème : en forme de main, ce produit de la mer évoque les bonnes œuvres du pèlerin.

Aujourd'hui, cet équipement a évolué. La pèlerine a été remplacée par une cape imperméable, le chapeau par une casquette, la calebasse par une gourde, le bourdon par un bâton télescopique et la besace par un sac à dos. Mais au-delà des apparences, il importe de garder présent à l'esprit la signification de ces objets : l'aspect change, le symbole demeure. L'un de ces attributs a d'ailleurs traversé les siècles : la coquille Saint-Jacques, fièrement arborée en signe de reconnaissance. Avec une différence, cependant : nos prédécesseurs ne la portaient pas dès le départ ; ils allaient la chercher au bout du chemin, sur les rivages atlantiques. C'est encore là-bas, à la fin des terres, que le pèlerin en découvrira la portée spirituelle profonde. Mais pour l'instant, il lui reste à mettre un pied devant l'autre, en accordant patiemment son rythme au cliquetis de son bâton. ■

Chapitre 4 Les attributs du jacquet

« — Mais je croyais qu'un vrai pèlerin portait son bourdon ? me dit [Paul] en souriant. Je pousse un cri. Je l'ai oublié sur la place de Sainte-Livrade. Comment ai-je fait pour ne pas y penser ? Oublier un objet qui vous tient à la main pendant déjà 15 jours, ce n'est pas banal. Une fois de plus je constate combien la fatigue physique a des incidences sur la mémoire, l'intellect, l'esprit. Tout se tient. C'est pourquoi tout don de Dieu, charisme, grâce ont un impact sur l'être complet. Y compris le corps.

Nous revenons sur les lieux, cherchons en vain. Ce bout de bois était un cadeau des moines. J'avais taillé ce bourdon dans un ancien manche de bêche dont se servaient les moines depuis plus de cinquante ans. Des gens comme le frère Michel ou le père Bruno s'en étaient servi pour des travaux de jardinage. Ce bois était tout un symbole. Celui de la foi silencieuse, travailleuse, donnée pour les hommes. Ce bois avait un défaut, celui de s'user trop vite. André, à Bergerac, y avait mis une protection de cuir. Ne plus avoir de bourdon, c'était une dépossession, un vide. Son absence me rendait plus vifs son utilité, son appui, sa présence. » ∎

(Serge Grandais, *Récits d'un pèlerin français*, Salvator, 2000, p. 196.)

Le chemin d'un témoin

Ronan Pérennou
(hospitalier* à Bodélio,
dans le Finistère)

 — *Qu'avez-vous emporté de particulier sur le chemin ?*

— Mon bourdon. J'ai préféré le tailler moi-même plutôt que d'en acheter un tout fait. Rien à voir avec les « cure-dents » qu'on nous propose ! Mon bourdon a ma hauteur (1,80 mètre), il est taillé dans de l'érable (mais il est préférable d'utiliser le noisetier, plus droit et léger). Un ami tourneur-fraiseur l'a équipé d'un bout ferré pour qu'il ne s'use pas. Un autre ami sculpteur a gravé une coquille Saint-Jacques (la vraie coquille, je l'ai ramenée du cap Finisterre) et un rameau de lierre, en référence au nom de mon village breton Bodélio dont c'est la traduction française. Un bourdon, c'est une part de chez soi qu'on emporte sur la route. C'est aussi la mémoire du chemin : à son retour, le pèlerin le garde car cet objet lui rappelle les moments passés sur la route.

— *Quel est son usage ?*

— C'est mon compagnon de route, c'est un appui en toutes circonstances ! C'est une arme de défense contre les chiens : on peut les tenir à distance quand ils montrent les crocs. Il permet aussi de sonder le terrain (la profondeur d'un ruisseau ou celle d'une mare boueuse) ou de freiner en descente quand le terrain est trop abrupt, comme lors de l'arrivée à Roncevaux.

Chapitre 4 Les attributs du jacquet

Avec le bourdon, on peut également gauler les fruits ou s'en servir comme d'une perche pour aider d'autres pèlerins à franchir un passage difficile. Quand je l'oubliais, je rebroussais chemin sans hésiter : je suis incapable de marcher sans bourdon !

— *Qu'avez-vous pris d'autre ?*

— Un *binioù-kozh*, c'est-à-dire une petite cornemuse bretonne. C'était mon autre compagnon de route. Je ne suis pas très expansif, on dit même que je suis un peu bourru. Alors, pour laisser éclater ma joie, je laissais mes doigts courir sur l'instrument. Les plus beaux moments étaient en montagne ou bien lors de mon entrée en Galice : le biniou résonnait et j'avais l'impression que nous étions plusieurs sonneurs à l'unisson. Le soir, au refuge, après avoir dîné, je m'installais dehors et je commençais à jouer.

— *Quelle était la réaction des autres pèlerins ?*

— Quand j'arrêtais de jouer, on me demandait de continuer ! La musique renforce les liens. En Castilla y León, j'ai rencontré un sonneur de bombarde espagnole, appelée *dolçaina* ; il faisait le chemin avec sa fille qui, elle, jouait du tambourin. Nous avons trouvé un air commun et nous avons joué ensemble. Ça a fonctionné ! Au refuge, nous ne sommes pas tous de la même nationalité et nous ne nous comprenons pas toujours, sauf avec des gestes ; mais la musique permet une communion vivante... ■

Le chemin de la Bible

Évangile selon saint Luc (10, 1-7). Le Seigneur désigna soixante-douze autres disciples et les envoya deux par deux devant lui dans toutes villes et localités où il devait aller lui-même. Il leur dit : « La moisson est abondante, mais les ouvriers peu nombreux. Priez donc le maître de la moisson d'envoyer des ouvriers dans sa moisson. Allez ! Voici que je vous envoie comme des agneaux au milieu des loups. N'emportez pas de bourse, pas de sac, pas de sandales et n'échangez de salutations avec personne en chemin. Dans quelque maison que vous entriez, dites d'abord : "Paix à cette maison." Et s'il s'y trouve un homme de paix, votre paix ira reposer sur lui ; sinon, elle reviendra sur vous. »

L'habit ne fait pas le moine... ni le pèlerin ! Il faut bien un sac qui s'allègera généralement lors des premières étapes. Et le bâton/bourdon soulagera le corps dans les rudes dénivelés. Mais c'est le chemin qui fera le pèlerin. L'essentiel n'est pas dans l'apparence pèlerine. Il est dans le devenir de celui qui marche et évolue intérieurement. Est-ce que je désire cette évolution ? Dans quel sens est-ce que je veux l'orienter ? Que fais-je pour cela ? Que vais-je faire ?

Chapitre 4 **Les attributs du jacquet**

Saint Roch (1340-1379). Devenu orphelin, Roch vend ses biens afin de partir en pèlerinage à Rome. Au cours d'une messe, après la communion, l'évêque de Maguelonne l'appelle : « Roch, l'Église t'envoie pour être pèlerin, c'est-à-dire témoin du Christ. » Roch enlève ses vêtements et s'habille d'une chemise blanche ouverte, de braies, de chausses, d'un chapeau à large bord et d'une longue cape marron. L'évêque bénit la besace : « Reçois cette besace, insigne de ta pérégrination aux tombeaux des saints apôtres Pierre et Paul, où tu veux te rendre »; et le bourdon : « Reçois ce bâton, réconfort contre la fatigue de la marche. » Saint Roch sera le « pèlerin de l'espérance » jusqu'à sa mort, à 39 ans. ∎

« Au nom de Notre-Seigneur Jésus-Christ, reçois cette besace, insigne de ta pérégrination, afin que, bien mortifié et purifié, tu mérites de parvenir à l'église de Saint-Jacques où tu veux te rendre et, qu'ayant achevé ton voyage, tu reviennes vers nous en bonne santé et joyeux, par la grâce de Dieu qui vit et règne dans les siècles des siècles.

Reçois ce bâton, réconfort contre la fatigue de la marche dans la voie de ton pèlerinage, afin que tu puisses vaincre toutes les embûches

Le chemin des hommes

de l'ennemi et parvenir en toute tranquillité au sanctuaire de saint Jacques et que, ton but atteint, tu nous reviennes avec joie par la grâce de Dieu. » ■

BÉNÉDICTION DE DÉPART,
CODEX CALIXTINUS, LIVRE IER

« Tout ce que l'âme dit à la main, la main le dit à la canne et la canne le répète à la route. Je veux, je dois, je puis, je sais, je vais savoir, je me souviens, ça va, ça ne va pas, il est temps, tout est fini, tout cela s'écrit avec une canne. En avant ! » ■

PAUL CLAUDEL

« Quand on monte, le Bâton vous précède d'un degré, – il prépare, il devance, il tâte le terrain. Il prend appui un peu plus haut que soi. Il fait conquête de la hauteur un peu plus vite que le corps qui le suit. Sa foulée a déjà dominé la marche que l'on monte, où il vous attire et vous tire. Si c'est en plaine, il va de sa grande cadence, d'un pas exactement double de l'humain, il balance avec ampleur l'avancée... » ■

VICTOR SEGALEN

« Avant toi, d'autres se sont mis en route. Comme eux sur le bâton, appuie-toi sur l'expérience des anciens. L'exode jamais ne se fait seul, mais seul tu marcheras sur les chemins de ton propre cœur où le Tout-autre se révélera. » ■

UN MOINE TRAPPISTE

Le chemin des hommes

Les coquilles miraculeuses

Les coquilles Saint-Jacques, autrefois appelées « crousilles », symbolisaient les bonnes œuvres accomplies. Au Ier siècle, un chevalier issu de la noblesse célébrait son mariage sur une plage de Galice. Or, tandis que la cérémonie se déroulait, le cheval prit peur et se jeta dans l'eau, emportant son cavalier dans la mer en furie. Celui-ci, alors qu'il se noyait, aperçut soudain une barque non loin de lui. C'était l'embarcation qui amenait le corps de saint Jacques pour qu'il reposât en terre d'Espagne. Le chevalier, dans un dernier souffle, supplia l'Apôtre de le sauver. Aussitôt, les vagues se calmèrent et la mer s'apaisa. Le chevalier sortit indemne de l'eau, sur sa monture : le harnais du cheval et l'armure de l'homme étaient recouverts de coquilles.

Dix siècles plus tard, en 1106, un chevalier souffrait terriblement, sa gorge étant gonflée « comme une outre ». Il pria saint Jacques avec foi, habité par la certitude que s'il parvenait à trouver une crousille et à la poser sur sa gorge, il serait sauvé. Un de ses voisins avait fait le pèlerinage ; il lui prêta sa coquille. À peine l'eut-il posée sur son cou que le mal disparut ; il était guéri et il partit à son tour vers Compostelle. ∎

Chapitre 5

Voyager léger

*« Là où est ton trésor,
là sera aussi ton cœur. »*

JÉSUS

Voyager léger

🐚 « Je cherche la Vie parce que je pense qu'en soi, il y a des choses mortes, il faut lâcher ça, lâcher prise[1] », confie un pèlerin qui se définit comme « un passionné du Chemin ». Lâcher prise : tel est sans doute le grand défi du pèlerinage. Tout commence, sur le quai de la gare, par l'adieu aux parents, aux amis et à la confortable demeure dont il faudra se passer. Comme Abraham qui abandonne son pays pour mener, de campement en campement, le Peuple élu vers la Terre promise, le jacquet va connaître l'exode. Son unique confident sera désormais le Chemin. Sa seule maison, son sac à dos.

Et voici le deuxième objet du lâcher prise : le sac, source d'angoisse dès le départ. Les guides stipulent avec bon sens que son poids ne doit pas dépasser un huitième de celui du porteur. Résultat : aux premières étapes, les bureaux de poste grouillent de pèlerins qui se délestent de leur excédent de bagages, s'allégeant du superflu. C'est là une nouvelle victoire du Chemin. Comme le lézard qui se fraye un passage entre les pierres, le marcheur commence à muer. À semer sa « vieille peau » pour préparer sa métamorphose.

---

[1]. Paroles rapportées par Maryvonne et Bruno Robineau dans *Compostelle en famille* (Éditions Opéra, 2005), p. 49.

Chapitre 5 **Voyager léger**

Le prophète Jérémie. Trumeau du portail de l'église abbatiale de Moissac (Tarn-et-Garonne), XIIe siècle.

Ce détachement progressif est la condition préalable au cheminement. Est-ce à dire que celui qui se dirige vers Compostelle doit, comme le moine dans sa cellule, faire vœu de pauvreté ? En un certain sens, oui. C'est d'ailleurs ce que signifiait autrefois la bénédiction du départ, qui aplanissait les différences entre les jacquets :

« pauper et peregrinus » – pauvre et pèlerin... pauvre *car* pèlerin.

Mais de quelle pauvreté s'agit-il ? Regardons le visage de Jérémie, au portail de l'église de Moissac. Le prophète a perdu tout ce qu'il avait reçu. Et pourtant, il rayonne d'une sérénité intérieure que rien ni personne ne pourra lui ravir. Son regard, libéré de toute dépendance, est devenu transparent et limpide. Désencombré de ses possessions illusoires, il a rejoint sa vraie nature, son « Être essentiel[1] ». De même, l'ascèse quotidienne du Chemin rend le terreau de l'âme fertile, prêt à être ensemencé. Peu à peu, le voyageur « fait le vide » pour pouvoir ensuite se remplir. Certains d'entre eux, bravant la peur du manque, vont jusqu'à choisir la voie extrême : partir sans un sou, et mendier la subsistance nécessaire pour se maintenir en vie. Ils appliquent à la lettre le principe qui pourrait devenir la devise du pèlerin : avoir un peu moins pour être un peu plus.

Cette pauvreté-là est sœur de l'humilité. Parvenu au stade ultime du lâcher prise, le cheminant renoncera à ce qu'il avait enfoui au plus profond de lui : sa volonté, qui l'empêchait de se rendre totalement disponible. Riche de ses renoncements successifs, il sera libéré du poids qui entravait sa marche. Il pourra alors s'offrir à l'inspiration du Chemin, comme l'oiseau qui, étendant ses ailes, se laisse planer à la grâce du vent. ■

---

1. Expression de Karlfried Graf Dürckheim.

Chapitre 5 Voyager léger

Le chemin d'un pèlerin

« Le pèlerin affronte un relatif dénuement, il n'est protégé par rien. Même sa carte Visa et sa carte téléphonique ne le mettent à l'abri de rien. Il est seul. Tout ce qu'il a est dans son sac à dos qu'il peut perdre ou se faire voler. Tout peut arriver en positif comme en négatif. Il marche par tous les temps, toutes les températures. Son corps lui rappelle qu'il doit d'abord penser à vivre et à marcher. Au cas où il l'oublierait, quelques tombes ou bien des chaussures moulées dans le bronze ou le béton sur le bord du chemin lui rappellent utilement que certains de ses prédécesseurs sont morts en accomplissant le même parcours que lui. Bref, c'est un retour aux fonctions essentielles, une libération des surcharges inutiles. Ici encore se prolonge une opération commencée lors du départ : alléger. [...] Ces affrontements avec les contraintes physiques et cet allégement du poids social produisent une libération dans la tête et un appel à croître en liberté. Allégement affectif encore accru par la nécessité d'avancer, de quitter parfois un endroit confortable, de ne pas s'attacher. *Ultreia** : plus loin ! Invitation pressante à entrer dans une liberté intérieure, reflet de ce qu'il expérimente par ailleurs, à la savourer, à en vivre. » ∎

(Michel Bureau, *Pèlerin ! Marcher vers Compostelle*, Vie chrétienne, 2002, p. 88.)

Laurence Lacour
(journaliste, écrivain)

— *Qu'aviez-vous mis dans votre sac?*
— Habituée des randonnées printanières entre amis, je savais ce qu'il fallait emporter pour marcher. Mais compte tenu de la longue distance et de la perspective de l'hiver, j'avais cru nécessaire d'ajouter deux écharpes, deux gourdes (une thermos, l'autre pas!), une parka assez lourde, etc. Après quelques minutes de marche, j'ai compris que tout cela était trop lourd et je suis allée à la poste du Puy-en-Velay pour me délester d'abord d'un bon kilo.

— *Comment avez-vous procédé?*
— Le plus difficile a été de choisir : j'ai supprimé tout ce qui était en double. Il fallait que je me défasse de l'idée d'avoir des réserves. Une fois ce premier tri effectué, j'avais, dans mon sac, le nécessaire pour une journée et pour une nuit. Plus tard, au fil des étapes, je me suis débarrassée de choses matérielles qui devenaient inutiles : les carnets de bord sur lesquels j'écrivais, un *walkman* abîmé lors d'une chute, puis mon petit matériel de broderie (à l'époque, j'aimais beaucoup broder et j'avais emporté un ouvrage à finir). Je me suis allégée en trois fois : au Puy, à Cahors puis à Saint-Jean-Pied-de-Port. En Espagne, je n'ai plus eu à le faire : j'étais bien équilibrée.

Chapitre 5 **Voyager léger**

— *Comment avez-vous vécu ce dépouillement progressif?*

— Au fur et à mesure qu'on allège le sac, on allège le moral, mais il faut commencer par le matériel. J'ai senti que j'avais atteint le *summum* un jour que je déambulais dans un supermarché à Burgos. J'avais acheté ma nourriture et j'ai parcouru les rayons en me demandant : «Et là, de quoi aurais-je besoin?» À chaque fois, la réponse était «Je n'ai besoin de rien!». Cela procure un immense sentiment d'absence de dépendance et de liberté.

— *Quel enseignement en avez-vous tiré?*

— Sur le chemin, on trouve ce dont on a besoin et si l'on ne trouve pas, on vit très bien sans! J'ai réalisé que j'avais besoin de très peu de choses matérielles mais surtout des autres, de leur chaleur, de leurs encouragements. Cela me rappelle mon arrivée dans un village du Gers, un lundi. Je n'avais rien mangé la veille et j'avais faim. Je trouve la boulangerie fermée et je laisse échapper un mot grossier. Une femme, sur le pas de sa porte, m'entend et m'invite à partager son déjeuner avec son mari. Ce couple d'ouvriers agricoles à la retraite m'a raconté sa vie. Il y avait une soupe au potiron et du ragoût de pigeon. Je m'en souviendrai toujours. ∎

Exode (12, 1-11). Le Seigneur dit à Moïse et à Aaron dans le pays d'Égypte : «Parlez ainsi à toute la communauté d'Israël : "Le 10 de ce mois, que l'on prenne une bête par famille, une bête par maison. Si la maison est trop peu nombreuse pour une bête, on la prendra avec le voisin le plus proche de la maison, selon le nombre des personnes. Vous choisirez la bête d'après ce que chacun peut manger. [...] On mangera la chair cette nuit-là, rôtie au feu, avec des pains sans levain et des herbes amères. [...] Mangez-la ainsi : la ceinture aux reins, les sandales aux pieds, le bâton à la main. Vous la mangerez à la hâte. C'est la Pâque du Seigneur." »

Pour sortir de son chez-soi, il faut le désirer, le décider et s'alléger. Le Chemin ne fait que commencer. Ce sera au fur et à mesure des cheminements intérieurs que, parti marcheur, tu deviendras pèlerin. Suis-je vraiment en train de lâcher prise aux pensées négatives, aux amertumes ou aux rancunes? Aux préoccupations affairées, secondaires, voire inutiles, pour chercher à discerner l'essentiel? Aux souvenirs et aux regrets stériles, pour mettre en route dans ma vie cet «essence-ciel» qui peu à peu sur le Chemin se dessine avec plus de précision?

Chapitre 5 **Voyager léger**

Saint Jean-François Régis (1597-1640). Missionnaire des campagnes surnommé l'«apôtre du Velay», Jean-François Régis parcourt à pied les Cévennes et leurs environs ; dans les champs en été et dans les maisons en hiver, il va au-devant des paysans et leur annonce une catéchèse simple et solide que confirme son mode de vie austère et dépouillé. Il réhabilite le travail des dentellières et crée une maison d'accueil pour les prostituées. Un soir de Noël, il affronte une terrible tempête de neige pour aller célébrer la messe de Noël à Lalouvesc, en Ardèche. Il prend froid et contracte une pneumonie. Après les confessions et la messe, il se couche pour ne plus se relever et meurt le 31 décembre. ■

«Un véritable pèlerinage consiste à tout laisser. Laisser ce qui rend notre vie de plus en plus rapide et élaborée. Mais aussi laisser – c'est peut-être le plus difficile – l'idée que nous nous faisons de nous-même et des autres. Il faut quitter tout ce qui nous conforte, tout ce qui nous honore, tout ce qui nous rassure.» ■

JEAN LESCUYER

Le chemin des hommes

« Comment voulez-vous qu'on sache un jour tout quitter pour entrer dans la lumière de Dieu si l'on n'a pas été capable de quitter chaque jour une petite chose de rien du tout pour entrer dans la présence obscure de Dieu ? » ■

SAINTE THÉRÈSE DE L'ENFANT-JÉSUS

« Il faut consentir à ce que les choses se détachent de nous puisque nous ne savons pas nous détacher d'elles. » ■

GUSTAVE THIBON

« On ne possède que ce à quoi on renonce. » ■

SIMONE WEIL

« Se vider de tout ce dont on est plein, se remplir de tout ce dont on est vide. » ■

SAINT AUGUSTIN

« On sait qu'il existe deux façons d'être riche : avoir beaucoup d'argent ou avoir peu de besoins. » ■

CHRISTOPHE ANDRÉ

« Dieu ne nous dépouille que pour entendre une fois encore ce "oui" qu'il ne cessera jamais de nous mendier jusqu'à l'ultime dépouillement de la mort. » ■

GENEVIÈVE DE GAULLE-ANTHONIOZ

Pèlerin envers et contre tout

En 1748, un jeune paysan du Béarn nommé Jean Bonnecaze convainc trois compagnons de partir avec lui vers Compostelle. Bravant l'édit du roi et l'interdiction de ses parents qui le traitent de fou, il s'enfuit dans la nuit. De faible constitution, souvent malade, Jean tient bon, rempli de foi. Il s'évanouit de faim, mais reprend la route ; il manque de se noyer, mais reprend encore la route ; il est abandonné par ses compagnons, mais reprend toujours la route. À Roncevaux, un détachement de soldats veut l'enrôler ; comme il ne comprend pas leur langue, il est sauvé de justesse par un habitant qui lui explique ce qui se passe. Dans la neige, un terrible saignement de nez ne cesse que lorsqu'un Italien lui montre que son sac mal mis lui coupe la respiration, provoquant l'hémorragie. À Logroño, alors que ses chaussures l'ont lâché en route et qu'il a parcouru 700 kilomètres pieds nus, une habitante lui en offre généreusement une paire. Il arrive, seul et le premier, à Saint-Jacques-de-Compostelle. Trois mois après son départ, il est de retour chez lui, pardonné par ses parents qui le croyaient mort. Il devient prêtre et écrit avec un autre pèlerin, parti en 1790, *Voyage de deux pèlerins à Compostelle au XVIIIe siècle*. ∎

Chapitre 6

Le rythme de la marche

« On ne peut pas asservir l'homme qui marche. »

HENRI VINCENOT

Le rythme de la marche

Si l'on demandait aux pèlerins de choisir un seul livre dans leur bibliothèque jacquaire, *Les Étoiles de Compostelle* d'Henri Vincenot arriveraient sûrement en bonne position. En effet, nombreux sont ceux qui ont pris la route après avoir cheminé en esprit avec Jehan le Tonnerre, le petit essarteur devenu compagnon constructeur. Car l'un des enseignements prodigués au jeune apprenti apostrophe particulièrement l'individu bipède : « Seul l'homme debout fait du bon travail, et c'est quand il marche qu'il pense droit ! [...] Si tu veux comprendre, débattre sainement, imaginer, organiser ta pensée, concevoir et décider : Marche ! marche, tu verras[1] ! » Nos vies sédentaires nous imposent, la plupart du temps, la position assise ; les déplacements eux-mêmes sont utilitaires, donc conditionnés et subis. La marche volontaire est d'une tout autre nature. C'est elle que le pèlerin découvre avec bonheur lorsqu'il fait ses premiers pas sur la route.

Certes, la phase de transition peut se révéler pénible. Les muscles tirent, les tendons se contractent, les ampoules brûlent. La marche est une expérience, une longue patience. Le corps

---

1. Henri Vincenot, *Les Étoiles de Compostelle*, Denoël (coll. «Folio»), 1982, p. 211.

Chapitre 6 Le rythme de la marche

Peinture murale. Église de Sarria (Galice), xxe siècle.

doit prendre le temps de décanter, à l'image des matières en suspension qui s'agitent dans le verre avant de se poser. Puis, peu à peu, il s'habitue aux exigences du projet ; passé la phase de rodage, cette merveilleuse machine se soumet.

C'est alors que se produit une singulière alchimie. La respiration, courte et saccadée, devient plus ample. S'accordant à ce rythme, les pensées se disciplinent. À l'intérieur, tout est plus clair, plus limpide. L'énergie vitale circule à nouveau.

Cet état pacifié peut donner envie de chanter. En allongeant le pas, le pèlerin entonne un air entraînant. Orchestrant cette symphonie improvisée, le temps retrouve à son tour sa juste cadence ; il bat la mesure au rythme du cœur apaisé. Inspiration, expiration enveloppent les accords. La marche, harmonisée, devient démarche – et pour certains, comme dit Bashô[1], « art de vivre ».

Parfois, enfin, cette marche se fait naturellement prière. Le Pèlerin russe[2] progresse ainsi sur la route, pendant de longues années, en état d'oraison perpétuelle. S'inspirant d'une tradition mystique de l'Orient, il scande ses pas de quelques mots constamment répétés : « Seigneur Jésus, Fils du Dieu vivant, aie pitié de moi, pécheur. » On appelle cette pratique la « prière du cœur », car elle naît dans l'intellect pour descendre vers le cœur. À l'instar du chapelet égrené ou des litanies psalmodiées, elle libère l'esprit et le rend disponible.

Pour d'autres, la prière se passe de mots. Comme dans la marche taoïste, le voyageur expérimente l'itinérance méditative. Chemin faisant, il parvient à un état de conscience supérieure. Même ses pensées se sont tues. Marche, respiration et prière résonnent à l'unisson. Par le canal de la verticalité retrouvée, une douce mélodie intérieure, née sur la partition de la route, s'élève vers l'azur du ciel. ■

---

1. Poète de haïku japonais (1644-1694).
2. Voir *Récits d'un Pèlerin russe*, Baconnière/Seuil, 1966.

Chapitre 6 **Le rythme de la marche**

Le chemin d'un pèlerim

« Le corps humain, cette merveille de chair, d'os et de tendons est fait, conçu, fabriqué pour la marche. Celle-ci ne demande que peu d'énergie. [...] Le rat de bibliothèque qui a dit que la marche est souffrance n'a sans doute jamais marché longtemps.

Le bonheur n'était pas seulement physique. Le corps donnait le tempo. La marche induisait une sorte de dynamique spirituelle. Jamais je n'avais ressenti avec autant de plaisir l'acte de penser. Je constatais, et je l'ai par la suite maintes fois vérifié, que la marche est un exercice moins physique que spirituel. Une tueuse d'idées noires. Du haut d'une colline où le regard embrasse l'horizon comme au ras d'un sentier qui serpente dans la bruyère, tous les problèmes deviennent relatifs. J'absorbais le monde par le regard, le corps, la pensée. J'étais au centre de la création, en symbiose avec la nature. Toutes les angoisses qui m'avaient envahi à l'annonce de la retraite se dissolvaient, tombaient dans la gadoue que je foulais joyeusement. Appliqué à me réciter l'histoire de ma vie, porté par mes jambes un peu plus assurées chaque jour, j'étais dans l'équilibre du monde qui m'entourait. » ■

(Bernard Ollivier, *La vie commence à 60 ans*, Éditions Phébus, Paris, 2008, p. 40-41.)

Édouard Cortès
(grand voyageur,
auteur, réalisateur)

— *Quel est le bon rythme de marche ?*
— Pas trop rapide pour ne pas être exténué, pas trop lent pour sentir son corps dans l'effort. En partant seul pour Compostelle, à 19 ans, durant l'été 1999, j'ai découvert que le bon rythme est celui qui favorise la musique intérieure de l'âme. Mon propre rythme (chacun doit trouver le sien) était de 8 à 9 heures de marche par jour, soit 40 à 45 kilomètres en moyenne. J'avais choisi de ne pas suivre les étapes classiques des guides et de dormir plutôt sous les porches des églises ou les feuillages des arbres.

— *Que produit la marche sur les plans physique et intérieur ?*
— Au fil des kilomètres et des jours de marche, on s'aguerrit, les courbatures et les ampoules disparaissent. On devient capable de faire de longues étapes sans fatigue excessive. On expérimente aussi ses limites... Comme on se connaît mieux, on a davantage confiance en soi et dans ses capacités. Les sens sont en éveil et s'affinent grâce à la proximité avec la nature. Notre perception se modifie. La tentation, au départ, est de compter ses pas, ses kilomètres, ses jours, ses moyennes. Elle s'estompe pour laisser place à une autre dimension du temps et de l'espace. Le soleil devient alors plus utile que la montre ; le relief,

Chapitre 6 Le rythme de la marche

les rencontres et le paysage plus importants que l'étape à accomplir.

— *Et sur le plan spirituel ?*

— La marche a le pouvoir guérisseur d'unifier le cœur, le corps et l'âme du pèlerin. Son rythme favorise la méditation et ouvre le cœur à la prière. Chaque pas peut être offert. Partir marcher, partir en pèlerinage implique une certaine prise de risque. On a toujours des appréhensions et des peurs sur le parcours qui s'ouvre devant nous. Pourtant, au fil des jours, on apprend à lâcher prise, à faire confiance. Alors, parfois, une prière toute simple peut jaillir : « Mon Dieu, j'ai confiance en toi. » C'est une expérience d'abandon.

— *Quelle trace la marche a-t-elle laissée en vous ?*

— Grâce à cette expérience, je suis sûr que Dieu est un bâton fort et solide sur lequel je peux m'appuyer, quelle que soit la difficulté du chemin. La route est à l'image de la vie, car, qu'on le veuille ou non, nous sommes tous en marche et il faut avancer, malgré la pluie, le vent, le soleil qui brûle, les cailloux du chemin... Avancer, malgré les obstacles et la fatigue. Avancer « au large », vers son idéal. Toute vie humaine est une grande aventure. ∎

Exode (13, 20-22). Ils partirent de Soukkot et campèrent à Etâm, en bordure du désert. Le Seigneur lui-même marchait à leur tête : colonne de nuée le jour, pour leur ouvrir la route, colonne de feu la nuit, pour les éclairer ; ils pouvaient ainsi marcher jour et nuit. Le jour, la colonne de nuée ne quittait pas la tête du peuple ; ni, la nuit, la colonne de feu.

Certaines périodes de nos vies reviennent en mémoire au fil du Chemin, pas après pas, et des éclairs intérieurs de certitude illuminent parfois les moments ternes. Mais ce qui a été le plus exaltant sur le moment n'a pas toujours marqué profondément nos choix et nos convictions.

N'y a-t-il pas que Dieu pour qui « la nuit comme le jour est lumière » ? Accordé-je assez mes pas aux siens ? N'est-il pas temps de confier la conduite de ma vie à l'Esprit saint ? à quel point, dans ma vie quotidienne, est-ce que je le laisse me conduire, quand bien même je le lui demande instamment dans ma prière ? Donné-je vraiment chaque jour au Seigneur le temps qui me permettra de l'écouter et d'entendre son pas pour y harmoniser ma marche en cette vie si passagère ?

Chapitre 6 Le rythme de la marche

Saint Benoît-Joseph Labre (1748-1783). N'étant pas fait pour la vie cloîtrée, Benoît-Joseph choisit de devenir un pèlerin-mendiant et de faire de sa vie un vaste pèlerinage à travers toute l'Europe. Son chemin va de sanctuaires en lieux saints. Il parcourt ainsi, crucifix sur la poitrine et chapelet à la main, 30 000 kilomètres. Dès qu'il reçoit quelques pièces, il les donne à plus pauvres que lui. Il fait le vœu étrange de ne pas se laver afin d'être couvert de vermine par pénitence. Ni la pluie, ni le froid, ni la neige, ni la chaleur ne ralentissent son pas. On l'entend chanter à tue-tête des litanies qui rythment sa marche, notamment celles de la Sainte Vierge. ■

« Voilà *mon* chemin ; et vous, où est le vôtre ? C'est ce que je réponds à ceux qui me demandent le chemin. *Le* chemin en effet n'existe pas. » ■

FRIEDRICH NIETZSCHE

« Si tu veux marcher droit, emprunte les voies les plus tortueuses, les plus insolites, les plus impropres à la vitesse, et tu trouveras ton voyage à toi, secret et impartageable. » ■

VINCENT LA SOUDIÈRE

Le chemin des hommes

« Le marcheur est celui qui prend son temps et ne laisse pas le temps le prendre. [...] Le recours à la forêt, aux routes ou aux sentiers, ne nous exempte pas de nos responsabilités croissantes envers les désordres du monde, mais il permet de reprendre son souffle, d'affûter ses sens, de renouveler sa curiosité. La marche est souvent un détour pour se rassembler soi. » ■

DAVID LE BRETON

« Il faut que ton étape de demain germe de ton étape d'hier ; en vérité, il faut, non que tu avances sur la route où chaque pas enfante l'oubli du pas précédent, mais que la route entre en toi. Ainsi ton horizon s'élargira sans que tu doives rien délaisser ni trahir. » ■

GUSTAVE THIBON

« Marcher, c'est aller tout près et très loin à la fois. » ■

REBECCA SOLNIT

« Ce qui sauve, c'est de faire un pas. » ■
ANTOINE DE SAINT-EXUPÉRY

« Les petits font des petits pas. » ■
SAINTE THÉRÈSE DE L'ENFANT-JÉSUS

« On ne peut pas asservir l'homme qui marche. » ■

HENRI VINCENOT

La marche mortelle des trente Lorrains

Trente Lorrains prirent la route en 1080. Ils se promirent fidélité et assistance tout au long du pèlerinage, sauf l'un d'entre eux qui ne voulut pas prononcer ce serment. En Gascogne, un des Lorrains tomba malade. Respectant leur promesse, ils se relayèrent pour le porter, mais quand ils réalisèrent qu'ils avaient mis quinze jours pour parcourir la distance que faisaient en cinq jours les autres pèlerins, ils trahirent leur serment et l'abandonnèrent. Un seul resta avec le malade : celui qui n'avait rien promis. Mais dans la nuit, l'homme mourut. Son compagnon se désolait de ne pouvoir l'enterrer dans la montagne. Saint Jacques lui apparut sous l'apparence d'un soldat : « Que fais-tu ici ? — Je désire ensevelir mon compagnon », répondit le pèlerin. « Monte derrière moi sur le cheval », lui commanda l'Apôtre tandis que lui-même prenait le mort dans ses bras. En une nuit, ils franchirent une distance de douze jours et arrivèrent à Montjoie où saint Jacques demanda aux chanoines d'ensevelir le défunt. Puis il confia à l'homme un message pour les autres Lorrains : « L'Apôtre vous fait dire par moi que parce que vous avez été infidèles en abandonnant votre compagnon, vos prières lui déplairont jusqu'à ce que vous ayez fait pénitence. » ■

Chapitre 7

Communier avec la nature

*« Le monde ne mourra jamais
par manque de merveilles
mais par manque
d'émerveillement. »*

G. K. CHESTERTON

Communier avec la nature

 Selon certaines sources, François d'Assise aurait effectué le pèlerinage de Saint-Jacques. En souvenir des miracles accomplis sur sa route, plusieurs monuments auraient été édifiés sur le *Camino francés*, notamment une église à Viana et un couvent à Logroño. Que faut-il en penser ? Aucun des biographes contemporains du saint ne mentionne ce voyage, que les historiens relèguent dans les coulisses de la légende. Ce qui n'empêchera pas le jacquet de se placer sous la protection de ce grand amoureux de la nature, proclamé patron de l'écologie par le pape Jean-Paul II. Un tel guide peut en effet aider le pèlerin dans sa « rééducation » : loin des artifices de la civilisation, il lui faut se déconditionner et réveiller tous ses sens. Réapprendre à voir, à sentir, à écouter… et à entendre.

Premier exercice pratique : s'adapter à la diversité des reliefs et des terrains. En France comme en Espagne, les chemins traversent des forêts, des zones désertiques, des plaines, des collines et des montagnes. Où donc puiser l'énergie nécessaire pour avancer ? Le pèlerin doit à ce moment retrouver son lien originel avec la terre. Comme jadis Antée, fils de Poséidon (la Mer) et de Gaïa (la Terre), qui sentait la force affluer en lui dès qu'il touchait le sol, il rétablira en marchant ce contact primordial.

Chapitre 7 **Communier avec la nature**

Deux oiseaux antithétiques évoquant la dualité réconciliée, l'apaisement des contraires qui retrouvent la source unique. Chapiteau de l'église de Perse, Espalion (Aveyron), XIIe siècle.

Le voyageur est alors prêt à ouvrir les yeux sur la nature environnante. Les animaux, tout d'abord, qui ont un message à délivrer. Les troupeaux de l'Aubrac, laissant des drailles dans le sillage de leur transhumance, ou les cigognes nichées sur les clochers des églises espagnoles, invitent à méditer sur la destinée nomade de l'homme. Dans les Asturies, sur le *Camino primitivo*, comme au passage des Pyrénées, l'aigle reconquiert son titre d'«oiseau royal» : «Sa symbolique confirme le sentiment de sécurité qu'il nous a insufflé au cours de la difficile traversée montagneuse[1]», raconte une pèlerine.

---

1. Florence Bacchetta, *En marche vers Compostelle. Un chemin de transformation*, Éditions du Tricorne/Cerf, 1994, p. 50.

La végétation, ensuite : les mille espèces de fleurs, déclinant une riche palette de couleurs, mais également les plantes prêtes à soulager les maux de celui qui connaît leurs vertus. « Quel Aimery Picaud établira le relevé géographique de la pharmacopée de ces bords de chemin[1] ? », s'interroge un couple de jacquets. Les jardins médicinaux réaménagés dans des lieux où s'arrêtaient les voyageurs (comme à l'Hôpital des pèlerins de Pons, en Charente-Maritime, ou à l'abbaye de Daoulas, dans le Finistère) témoignent de cette pratique thérapeutique sur les routes de pèlerinage.

Admirée pour ses merveilles, la nature généreuse est donc aussi complice : l'arbre procure un ombrage salutaire ; l'eau désaltère et purifie ; la brise matinale rafraîchit. Et la liste de ses bienfaits pourrait s'allonger à l'infini. À une seule condition toutefois : respecter son rythme, en s'adaptant à la course du soleil et à la ronde des saisons. La nature progresse dans la lenteur. N'est-ce pas là, d'ailleurs, le premier conseil qu'elle prodigue au marcheur ? ∎

---

1. José et Michel Laplane, *Itinéraire spirituel pour Compostelle*, La Table ronde, 2001, p. 156.

Chapitre 7 **Communier avec la nature**

« Pluie du matin. La pluie comme une bénédiction, après ces jours de chaleur torride. Bonheur de la sentir sur nos visages, nos bras, imprégner nos vêtements. [...] Redevenus enfants, nous rions de tout et de rien, énervés peut-être bien par cet air épicé d'odeurs sauvages, respiré à pleins poumons. La terre elle aussi s'impatiente et s'ébroue, et les arbres si petits là-bas, sur l'horizon, également. [...] Et le grand témoin de tout cela, celui qui annonce et régit la cérémonie du réveil de la nature ; l'air nous dit que quelque part, pas bien loin, la garrigue revit. Nouvelle d'importance qui suffit bien à justifier le plaisir des habits mouillés, les gouttes qui traversent, les rigoles qui serpentent le long du cou, du dos, en tirant des cris de surprise. Arrivera ce qui doit arriver.

En fait il n'arrive rien, et moins de trois quarts d'heure plus tard le soleil de nouveau présent sèche terre et pèlerins en quelques minutes. Mais qu'importe, même de courte durée la joie fut assez intense pour que le jour en soit heureux. Et le pèlerinage dans tout cela ? Justement, nous y sommes. En plein cœur, même, car à quoi ressemblerait une quête dénuée d'émerveillements ? » ∎

(Jean-Claude Bourlès, *Le Grand Chemin de Compostelle*, Payot, 1995, p. 111-112.)

Claude Bernier
(Québécois, auteur de guides)

— *Votre marche vers Compostelle a-t-elle fait évoluer votre rapport à la nature ?*

— Je dirais plutôt qu'en partant pour la première fois, en 2001, du Puy-en-Velay vers Compostelle, je me suis retrouvé sur les sentiers de mon enfance. Avant que je déménage en ville, à 13 ans, je vivais au milieu de la nature. Mon école rurale était située à deux kilomètres de notre maison. Je me rappelle que je parcourais cette distance avec plaisir, non par contrainte. Sur le chemin de Compostelle, j'ai renoué avec la nature comme on retrouve une demeure que l'on a habitée durant les premiers jours de sa vie.

— *Que vous ont enseigné ces retrouvailles ?*

— La vie est tellement plus simple, quand on devient pèlerin, que l'on ne demande rien, que l'on n'exige rien, que l'on prend ce que le Chemin nous donne ! Être un simple pèlerin parmi tant d'autres, réceptif à la nature, ouvert aux autres, sensible à la pluie qui tombe, au chant des oiseaux, aux ruisseaux qui coulent ; être attentif à celui qui nous adresse la parole ; partager son pain avec celui qui a faim, offrir un verre de vin à celui qui s'assoit devant nous...

— *Quel rôle la nature a-t-elle joué sur le plan spirituel ?*

Chapitre 7 **Communier avec la nature**

— J'ai été élevé dans la religion catholique. Aujourd'hui, j'ai cessé toute pratique religieuse mais je ne peux pas dire que je suis devenu incroyant : chacun de mes pas sur le chemin de Compostelle est une prière. Je me sens incapable de répéter des formules toutes faites apprises dans mon enfance, mais mon regard est constamment tourné vers Dieu. Sur ces chemins de solitude, mon âme, tout naturellement, s'élève vers le Maître de cette nature. Je vous le dis en toute simplicité, car chez nous, bien des tabous existent et il n'est pas facile de s'exprimer ainsi.

— *Un conseil pour ne pas passer à côté de cette rencontre avec la nature?*

— Partir seul! Bien des gens en ont peur. Pour certains, le saut est vertigineux... Pourtant, la nature est notre meilleure alliée. Vivre seul au milieu de la nature, c'est se redécouvrir au plus profond de soi, entrer en contact avec Dieu et se rendre capable d'aller vers les autres. ∎

Le chemin de la Bible

Psaume 8. Ô Seigneur, notre Dieu,
qu'il est grand ton nom par toute la terre !
Jusqu'aux cieux, ta splendeur est chantée
par la bouche des enfants, des tout-petits.
Rempart que tu opposes à l'adversaire,
où l'ennemi se brise en sa révolte.
À voir ton ciel, ouvrage de tes doigts,
la lune et les étoiles que tu fixas,
qu'est-ce que l'homme pour que tu penses à lui,
le fils d'un homme, que tu en prennes souci ?
Tu l'as voulu un peu moindre qu'un dieu,
le couronnant de gloire et d'honneur ;
tu l'établis sur les œuvres de tes mains,
tu mets toute chose à ses pieds :
les troupeaux de bœufs et de brebis,
et même les bêtes sauvages,
les oiseaux du ciel et les poissons de la mer,
tout ce qui va son chemin dans les eaux.
Ô Seigneur, notre Dieu,
qu'il est grand ton nom par toute la terre !

« J'avais l'impression de boire le vent purifiant », confia une pèlerine. Quelle résonance en moi prend ce psaume en certains paysages du Chemin ? Ai-je conscience du rôle de la personne humaine comme dépositaire et gestionnaire de cette nature ? Que fais-je pour l'accorder à mes choix personnels, dans ma vie quotidienne ?

Chapitre 7 **Communier avec la nature**

Saint François d'Assise (1182-1226). Fils d'un riche marchand, alors qu'il rêve de devenir chevalier, François rencontre le Christ et fonde l'ordre des Frères mineurs (ou Franciscains). Ses écrits traduisent sa vocation, qui est d'être un messager de joie et le chantre de la beauté : « Seigneur, fais de moi un instrument de ta paix. Là où est la haine, que je mette l'amour. » Du *Cantique des créatures* : « Loué sois-tu, mon Seigneur, avec toutes tes créatures, spécialement messire frère Soleil par qui tu nous donnes le jour, la lumière. [...] Loué sois-tu, mon Seigneur, pour sœur notre mère la Terre, qui nous porte et nous nourrit, qui produit la diversité des fruits avec les fleurs diaprées. » ■

« L'acte le plus difficile est celui que l'on croit le plus simple : percevoir d'un regard toujours en éveil les choses qui se présentent à nos yeux. » ■

GOETHE

« Je vous conjure d'admirer. Tout est fabuleux pour qui sait regarder. La fraîcheur du regard est le commencement de la sainteté. Détournez-vous des gens masqués et de l'imbécillité des aveugles. J'ai tendance à croire que tout est fabuleux de ce que frôlent nos yeux et de ce que prennent nos mains. Les bénisseurs possèdent cette terre. »

XAVIER GRALL

« À force de regarder l'aurore se lever, devenir soi-même un levier de l'aurore. »

FRANÇOIS CASSINGENA-TRÉVEDY

« Pour voir le monde dans un grain de sable
et le paradis dans une fleur sauvage
saisis l'infini dans la paume de ta main
et l'éternité dans l'heure qui passe. »

WILLIAM BLAKE

« Si on est encore capable de pleurer devant la beauté des choses, c'est le signe que rien, en nous, n'est tout à fait perdu. »

GEORGES HALDAS

« Étonnez-vous de ce soleil avant d'en réclamer un autre ! »

CHARLES-ALBERT CINGRIA

« Jamais les crépuscules ne vaincront les aurores.
Réjouissons-nous des soirs mais vivons les matins. »

GUILLAUME APOLLINAIRE

Un ange gardien doté de longues oreilles

En 1100, une épidémie de peste sévit dans la région de Poitiers ; un homme décide de se rendre à Compostelle avec sa famille pour échapper au fléau. Arrivé à Pampelune, il a la douleur de perdre sa femme, puis un aubergiste malhonnête lui vole tous ses biens et son mulet. Il décide de continuer son voyage avec ses deux jeunes enfants. Soutenu par la foi, il les prend par la main et se met en route. Il rencontre en chemin « un homme d'apparence honnête, accompagné d'un âne très robuste », qui lui demande où il se rend. Ayant entendu sa triste histoire, l'inconnu, ému, lui dit : « Je te prête mon excellent âne pour porter tes enfants jusqu'à la ville de Compostelle où j'habite, à condition que là-bas, tu me le rendes. » Le pèlerin accepte avec reconnaissance. Quel agréable voyage en compagnie d'un animal si doux ! Ils atteignent sans encombre le tombeau de saint Jacques. Dans l'église, un homme resplendissant s'adresse au pèlerin : « Me reconnais-tu ? Je suis l'apôtre Jacques, celui qui t'a donné son âne à Pampelune. Je te le prête encore jusqu'à ce que tu reviennes chez toi. » Arrivé à destination, l'âne disparaît. Les voisins s'émerveillent : « L'ange du Chemin avait pris l'aspect d'un âne. » ■

Chapitre 8

Passeurs, passages

*« Dans la vie, on marche
sur un pont très étroit.
Le plus important est
de ne pas céder à la peur. »*

RABBI NACHMAN DE BRESLAU

Passeurs, passages

Les textes médiévaux fourmillent d'histoires sordides qui se déroulent au passage des cours d'eau. Ainsi, *Le Guide du pèlerin* met en garde les jacquets contre certains passeurs qui surchargent volontairement leur bateau pour provoquer son naufrage ; « alors, poursuit l'auteur du guide, les bateliers se réjouissent méchamment après s'être emparés des dépouilles des morts[1] »... C'est notamment pour limiter ces mésaventures que de nombreux ponts furent construits tout au long du chemin, spécialement en Espagne où ils conditionnèrent l'essor du *Camino francés*.

Il importe de se remémorer ces âges lointains lorsqu'on emprunte, de nos jours, cet itinéraire confortablement équipé. D'ailleurs, l'histoire est si présente qu'elle se rappelle constamment au souvenir du pèlerin : à Puente la Reina (ou « Pont de la Reine »), par exemple, dont le nom vient de l'ouvrage que fit édifier une souveraine pour faciliter le passage des jacquets ; ou à Portomarín, où un certain Pierre, dit « Peregrinus », reçut un privilège du roi Alphonse VIII pour avoir reconstruit le pont qui enjambait le Miño... Enfin, deux communes portent le nom

---

1. Jeanne Vielliard (trad.), *Le Guide du pèlerin de Saint-Jacques-de-Compostelle*, Vrin, 1990, p. 21.

Chapitre 8 **Passeurs, passages**

Pont d'origine romaine. Cirauqui (Navarre).

de bâtisseurs dont l'œuvre entraîna leur canonisation : Santo Domingo de la Calzada, dans la Rioja, et San Juan de Ortega, en Castilla y León.

C'est au XIe siècle que Santo Domingo de la Calzada (ou saint Dominique de la Chaussée) construisit, pour venir en aide aux pèlerins, un pont sur la rivière Oja, puis une chapelle, un hôpital, une auberge et une route. Cette chaussée, à l'origine de son surnom, lui vaudra d'être proclamé « patron des travaux publics ». Quelques années plus tard, un autre « saint cantonnier » poursuivit cette œuvre en participant à la construction des ponts de Logroño et de Nájera, et en défrichant les Montes de Oca, jonchés d'orties : on l'appellera San Juan de Ortega, ce qui signifie « saint Jean des Orties ».

Tous ces constructeurs, célèbres ou anonymes, comptent parmi les plus grands « passeurs » du Chemin. Non seulement par leur dévouement au service du pèlerin, mais aussi par l'héritage symbolique qu'ils lui léguèrent. Ces ponts, en effet, ne se limitent pas à leur fonction utilitaire. Comme dans toutes les civilisations, ils ont également une portée spirituelle : médiateurs, ils sont un trait d'union entre deux rives. De pierre ou de fer, romans ou gothiques, arabes ou wisigoths, ils délivrent tous au jacquet le même message. « Soyez passant[1] », lui disent-ils. « Voyez, nous sommes là pour vous montrer l'exemple. Ne sommes-nous pas des arches lancées entre Ciel et Terre ? »

Passer un pont reste donc un enjeu pour le voyageur. Comme le pontife[2] qui s'attela à la tâche au risque de perdre son âme – les nombreux ponts du Diable, tel le pont Valentré à Cahors, l'attestent –, le pèlerin sait que ce lieu représente le passage d'un monde à un autre. Il est ainsi, forcément, l'une des grandes métaphores du pèlerinage[3], qu'il est bon de méditer. Tout en gagnant, d'un pied alerte, la rive opposée où le chemin se poursuit... ∎

---

1. *Évangile de Thomas*, logion 42.
2. Le terme « pontife », qui vient du latin *pontifex*, signifie littéralement « constructeur de pont ».
3. En sanscrit, le terme « pèlerin » signifie « celui qui a atteint l'autre rive ».

Chapitre 8 **Passeurs, passages**

« Au portail principal de l'église romane San Isidore, porte du *cordero* (de l'agneau), je suis impressionnée par la richesse et la plénitude qui se dégagent principalement des statues de San Isidore et San Pelayo, "ces vieux saints espagnols sur les têtes de taureaux qui leur servent de consoles et qui sont pareils à des dieux de peuplades" (H. Focillon).

Sur le chemin de Compostelle, comme ici à San Isidore, beaucoup d'églises ont leur porte du Pardon. À l'origine, la démarche du pèlerin est souvent quête de guérison du corps et de l'âme, de conversion, et il doit passer, selon le rite, de porte en porte, jusqu'à celle de la belle cathédrale de Saint-Jacques en Galice.

Traverser les ponts, aller de refuge en refuge, passer ainsi les portes, franchir le seuil et entrer par la porte étroite, celle de la réalité de mon aventure humaine et de l'ordinaire de ma foi. Le Chemin est passage. Il m'ouvre, sans cesse, sur d'autres horizons et ceux de mes paysages intérieurs que je n'aurai jamais fini de découvrir. » ■

(Jacqueline Papin-Suteau, *Compostelle. Un chemin de pierres et d'étoiles*, Nantes & Laval, Siloë, 2000, p. 43.)

Le chemin d'un pèlerin

Claudine Vincenot
(écrivain)

— *Est-ce le livre* Les Étoiles de Compostelle, *de votre père Henri Vincenot, qui vous a poussée à partir sur le Chemin ?*

— Mon père n'a jamais fait le pèlerinage de Saint-Jacques mais c'était un grand marcheur, un grand arpenteur qui a sillonné la France durant son adolescence puis, plus tard, lors de ses reportages. Cet ouvrage nous avait donné envie, à mon mari et à moi, de marcher vers le Finisterre espagnol, mais je voulais surtout tracer ma propre route. Dans le Haut-Atlas, au Maroc, j'avais ressenti la nostalgie des randonnées exaltantes et exténuantes, la nostalgie de la précarité, de la simplicité.

— *Que voulez-vous dire par « tracer ma propre route » ?*

— J'avais soif de liberté, de vraie liberté sur un chemin où je ne serais rien que moi-même. J'étais aussi habitée par un désir de « grand nettoyage » : il fallait que je fasse éclater les structures ordinaires afin que mon esprit crée de nouveaux repères, plus simples, plus indispensables ; pour que ma vie reprenne une conscience aiguë de son prix, inestimable. Prendre la route, c'est s'élargir, à divers titres : s'ouvrir davantage au monde et aussi prendre le large !

— *Sur le Chemin, quels « passeurs » ont élargi votre horizon ?*

Chapitre 8 **Passeurs, passages**

— Je me souviens de Doña Felizia, qui vivait dans un bidonville, au sommet d'une colline, à l'est de Logroño. Cette vieille femme, aux allures de gitane, qu'on aurait crue sortie d'un film de Buñuel, était assise sur une chaise longue crasseuse devant une table branlante envahie d'objets hétéroclites. Elle nous a arrêtés en lançant : «Ici, c'est le premier contrôle de la Rioja!» Pour franchir cette «douane», il fallait signer un registre innommable et s'engager à prier pour elle à Compostelle. C'était son projet de vie.

— *Y a-t-il eu d'autres rencontres marquantes?*

— Oui, il y a eu aussi cette grande blonde, en robe et chaussures de ville, croisée dans un bar sombre de la Rioja. Elle était silencieuse et animée de l'énergie du désespoir d'amour qu'elle vivait. Nous l'avons retrouvée plus tard avec un groupe de marcheurs devant le capharnaüm fantastique de Señor Ignacio, un ermite farfelu qui offrait aux marcheurs un petit verre de vin blanc, une rondelle de chorizo et deux figues. Il s'est approché de la fille et lui a offert une cordelière orange où était suspendue une croix qu'il avait sculptée, en lançant à la cantonade : «La femme est l'âme du monde. Elle est artiste car elle fait les enfants!» La Nordique semblait si émue et si heureuse qu'Ignacio l'embrassa. Elle est repartie d'un pas plus léger, tout auréolée d'une identité renaissante que lui avait révélée ce vieux fou. ∎

Le chemin de la Bible

Évangile selon saint Matthieu (8, 18-27).

Voyant de grandes foules autour de lui, Jésus donna l'ordre de s'en aller sur l'autre rive. Un scribe s'approcha et lui dit : « Maître, je te suivrai partout où tu iras. » Jésus lui dit : « Les renards ont des terriers et les oiseaux du ciel des nids ; le Fils de l'homme, lui, n'a pas où poser la tête. » Il monta dans la barque et ses disciples le suivirent. Et voici qu'il y eut sur la mer une grande tempête, au point que la barque allait être recouverte par les vagues. Jésus dormait. Ses disciples le réveillèrent : « Seigneur, au secours ! Nous périssons ! » Il leur dit : « Pourquoi avez-vous peur, hommes de peu de foi ? » Alors, debout, il menaça les vents et la mer, et il se fit un grand calme.

« Souviens-toi que tu n'es qu'un passant sur cette terre. » Le pèlerin expérimente bien des dépassements intérieurs, difficiles à effectuer – relations conflictuelles, dépendances diverses, peur de la solitude ou du silence... Il est invité à « passer sur l'autre rive » du ressentiment ou de la rancune pour accéder à la paix et au pardon envisagé.

Suis-je prêt à accomplir cette étape de libération intérieure ? Qu'est-ce qui m'est nécessaire pour y arriver ?

Chapitre 8 Passeurs, passages

 Saint Christophe (dates inconnues). Ce géant surnommé Offerus («Réprouvé»), en quête du Christ, rencontre un ermite qui lui confie la mission de vivre près d'un fleuve tumultueux pour aider les voyageurs à le franchir. Un jour, il entend une voix d'enfant. C'est un petit garçon qui se tient sur la rive. Il le hisse sur son épaule et pénètre dans les eaux en furie. L'enfant se fait de plus en plus lourd. De l'autre côté du fleuve, le passeur lui dit : «Tu m'as mis en grand danger! Tu m'as pesé comme si je portais le monde entier!» L'enfant répond : «Tu as porté celui qui a créé le monde. Car je suis Jésus.» Il reçoit le nom de Christophe, «celui qui porte le Christ», et devient le patron des voyageurs. ■

« Tu feras ton chemin de la largeur de tes épaules. Il te sera donné la grande facilité de porter souvent le sac des autres, d'être au bord des routes comme une fontaine et tu aimeras les étoiles. » ■

JEAN GIONO

« Notre rive à nous qui pleurons, c'est la terre. L'autre rive où ils parviennent, c'est le ciel. C'est ça la mort. Il n'y a pas de morts mais des vivants sur les deux rives. » ■

ANDRÉ FROSSARD

Le chemin des hommes

« Qui n'a jamais "perdu pied" ne sait pas ce que c'est que de "tendre la main". Qui n'a jamais tendu la main en criant "au secours", ne sait pas qu'une autre main peut secourir. Qui a tendu la main en criant "au secours" entendra, laissera d'autres mains se tendre vers les siennes... » ■

PAUL BAUDIQUEY

« Ce qui compte dans la vie, ce n'est pas la réussite sociale qui est toujours illusoire, ce n'est pas l'autosatisfaction intellectuelle que le moindre moment de lucidité rend dérisoire, ce qui compte, c'est d'aider quelqu'un ou quelques-uns à vivre. » ■

JACQUES DE BOURBON BUSSET

« Toutes nos activités sont à quelques degrés interchangeables, et la plupart pourraient être accomplies par des machines. L'acte irremplaçable, c'est le rayonnement de l'être, le sourire de la bonté, l'élan du cœur : tout ce qui vient du dedans, en la gratuité du don. » ■

MAURICE ZUNDEL

« Le soir venu, Jésus dit : "Passons sur l'autre rive." » ■

ÉVANGILE SELON SAINT MARC 4, 35

L'ingénieur du Ciel

Le pèlerin d'aujourd'hui connaît peut-être mieux la magnifique cathédrale de Santo Domingo de la Calzada pour le miracle du «pendu dépendu» que pour la vie de son bâtisseur, saint Dominique de la Chaussée. Né en 1019 à Viloria de Rioja, Dominique garde les chèvres avant de devenir moine bénédictin, puis ermite. À 20 ans, il rencontre saint Grégoire, évêque d'Ostie. Celui-ci l'invite à consacrer sa vie à améliorer et sécuriser le Chemin. Le jeune homme se met à l'ouvrage : il construit un pont en bois sur le Río Oja, cours d'eau qui se traverse à gué, souvent sec et caillouteux, mais peut connaître de dangereuses crues en période de pluies. Dominique défriche la forêt, construit une église, une hôtellerie et un hôpital. En 1044, il remplace le pont de bois par un ouvrage en pierre. Des miracles accompagnent sa mission. Un jour, c'est un village qui n'accepte de lui fournir, en bois de construction, que ce qu'il pourra couper avec sa serpe ; or, chaque coup du petit outil abat un arbre ! Un autre jour, un ouvrier qui travaille au pont succombe, écrasé par une pierre. Dominique prie avec tant de ferveur que l'ouvrier revient à la vie. Il meurt le 12 mai 1109 ; conformément à sa dernière volonté, il est enterré sous le Chemin. ■

Chapitre 9

Épreuves et tentations

*« Tomber sept fois
et se relever huit,
tel est le chemin. »*

PROVERBE ZEN

Épreuves et tentations

Arrivé dans la bastide médiévale de Lauzerte, au cœur du Quercy blanc, le jacquet qui progresse sur la *via Podiensis* est invité à prendre une récréation méditative. Dans le Jardin du pèlerin, au pied des remparts, un jeu de l'oie grandeur nature lui propose de cheminer, au gré des lancers de dés, sur un parcours jalonné d'embûches : le puits, l'auberge, la prison, la désolation, la mort... Les panneaux qui matérialisent chaque case présentent un extrait du répertoire musical jacquaire. « Les épreuves décrites dans les chansons de pèlerins, bâties sur une trame similaire du XIe au XVIIe siècle, correspondent en effet à celles du jeu de l'oie », explique Marianne Sanna, conceptrice de ce projet et elle-même pèlerine[1]. Au terme de son itinérance, le joueur parvient au Jardin de l'oie, image du Paradis, tandis que le jacquet atteint Santiago, métaphore de la Jérusalem céleste.

On rencontre, au fil de la route, d'autres allégories des tribulations pérégrines. Le labyrinthe en est le plus évocateur. Dans les cathédrales, comme à Chartres ou à Amiens, ou sur les mégalithes de Galice, il rappelle le célèbre épisode

---

1. Voir Marianne Sanna, « Le jeu de l'oie, le chant et le chemin du pèlerin », *Chemins d'étoiles*, n° 1, automne 1997, p. 12-15.

Chapitre 9 Épreuves et tentations

Labyrinthe. Cathédrale de Chartres (Eure-et-Loir), XIIIᵉ siècle.

de la mythologie grecque : pour s'échapper du palais de Minos, Thésée doit relever plusieurs défis dont le dernier consiste à tuer le Minotaure. Au-delà de sa dimension héroïque, ce périple initiatique a une portée mystique : menant de la Terre au Ciel, il représente la pérégrination de l'âme vers la béatitude céleste. C'est pourquoi de nombreux labyrinthes ornèrent les cathédrales où ils devinrent même, à certaines époques, des substituts du pèlerinage en Terre sainte.

De case en case, de tour en détour, le pèlerin se fraye ainsi un passage à travers les obstacles. Certes, les conditions de la pérégrination contemporaine limitent les écueils matériels : les épidémies, les noyades, les attaques des bandits ne sont plus à redouter, et les caprices météorologiques, comme les souffrances corporelles, doivent le plus souvent être relativisés. Il n'empêche : le pèlerinage reste une entreprise nécessairement difficile. Les sentiers caillouteux, la chaleur accablante, les forts dénivelés ne sont pas inévitables mais indispensables. Tant il est vrai que, comme le dit Max Jacob, « on n'avance que par la douleur[1] ».

Il y a aussi, parfois, les fluctuations du moral. Les jours où tout est gris, où aucun horizon ne stimule la marche, où le pèlerin est tenté de poser définitivement son sac. Le découragement et la tentation d'abandon guettent en effet le jacquet derrière la moindre épreuve. C'est alors que les archétypes universels qu'il a croisés sur sa route lui rappelleront le sens de son aventure. Il y trouvera la motivation pour dépasser, au propre comme au figuré, les méandres, les pièges et les fausses pistes qui le séparent du but. Et le fil d'Ariane invisible qu'il déroule, depuis le départ, l'aidera à se sortir de l'impasse. ■

---

1. « Réponse de l'abbé X à un jeune homme découragé », *Le Cabinet noir*, Gallimard, 1928, p. 195.

Chapitre 9 Épreuves et tentations

« Une des plus grandes difficultés que le pèlerin éprouve sur le *Camino*, ce n'est pas tant la solitude que cette tentation d'abandonner provoquée par le découragement qui le prend parfois tout d'un coup et qui a tant de mal à le lâcher.

À certaines heures [...], la route se fait pénible... elle fait mal. Elle est longue, elle épuise, elle tue la santé, elle veut la peau du pèlerin. Elle décourage. Les maux sont de toutes sortes : les pieds échauffés par les kilomètres, les rotules en perpétuelle action, le dos supportant une charge anormale, le corps qui craque de partout. Les conditions atmosphériques sont rarement idéales. [...] Le miracle du *Camino*, c'est ce combat intérieur que chaque pèlerin mène en lui-même et, bien souvent, contre lui-même. Le miracle, c'est de continuer son chemin, de reprendre la route, chaque jour, jusqu'au bout. Le miracle, c'est cet effort incessant où le pèlerin se forge un caractère solide, prêt à assumer, par la suite, n'importe quelle épreuve dans la vie de tous les jours. Le miracle, c'est quand le pèlerin en a marre, qu'il était sur le point d'abandonner mais qu'il continue quand même, happé par saint Jacques et son chemin... » ■

(Pierre Genin, *Pèlerin de Saint-Jacques, lève-toi et marche*, Parole et Silence/Mols, 2006, p. 111-112 et 115-116.)

Le chemin d'un témoin

André Weill
(auteur, professeur de yoga)

 — *Quelles épreuves et tentations avez-vous affrontées en chemin ?*

— Les épreuves rencontrées sur la route de Compostelle sont exactement les mêmes que celles de la vie quotidienne. Elles ont surtout pris la forme de peurs : peur de la douleur, peur de passer la nuit dehors ; inquiétude à propos de ce que je mangerais, de l'endroit où je dormirais, de la façon dont je me soignerais, de ce qui m'indiquerait la bonne route. J'ai aussi connu, dans les tout premiers jours, la tentation de tricher... La seule différence avec la vie quotidienne, c'est que ces peurs sont plus physiques, et donc plus visibles.

— *Ces peurs ont-elles fini par disparaître ?*

— Je dirais plutôt qu'elles se métamorphosent au fil de la route. En partant le matin de Conques, j'ai senti que la peur de ne pas arriver à Santiago était restée au refuge. J'étais habité par la conviction que rien ne pourrait plus m'empêcher d'aller jusqu'au bout du chemin et que j'arriverais à Saint-Jacques. C'est à Carrión de los Condes que j'ai commencé à ressentir une autre peur : celle de toucher à la fin du voyage. J'ai eu à lutter contre cet orgueil de l'homme de tout vouloir finir, de tout achever. Or, Saint-Jacques-de-Compostelle n'est pas la fin du voyage, mais un commencement...

Chapitre 9 Épreuves et tentations

— *Qu'est-ce que ces épreuves et ces tentations vous ont enseigné ?*

— J'ai appris, d'une part, qu'il ne faut pas se faire mal pour arriver au bout du chemin. Et l'apprentissage majeur ? La confiance, la foi en la Providence. Le chemin est un bon maître. On peut lui faire confiance. Il nous connaît, comme il connaît toutes les brebis du causse. Il sait que l'on peut y arriver. Il ne nous proposera jamais d'épreuves que nous ne puissions surmonter.

— *Qu'aimeriez-vous dire à un pèlerin qui ressent ces peurs ?*

— Que c'est normal d'avoir peur, et que c'est bien pour cette raison que la vie l'emmène sur le Chemin ! Au fur et à mesure, il apprendra à ne plus avoir peur de ses peurs. Il commencera à en rire, puis à les aimer. À la fin, elles disparaîtront comme les fumées du *botafumeiro*. Le premier conseil à l'intention du débutant serait donc d'écouter son cœur et de partir malgré les peurs qu'il ressent. ■

Le chemin de la Bible

Premier Livre des Rois (19, 4-8). Le prophète Élie s'en alla au désert. Y étant parvenu, il s'assit sous un genêt. Il demanda la mort et dit : « Je n'en peux plus ! Maintenant, Seigneur, prends ma vie, car je ne vaux pas mieux que mes pères. » Puis il se coucha et s'endormit. Mais voici qu'un ange le toucha et lui dit : « Lève-toi et mange. » Il regarda : à son chevet était une galette cuite sur des pierres chauffées et une cruche d'eau ; il mangea et but, puis se recoucha. L'ange du Seigneur revint, le toucha et dit : « Lève-toi et mange, car autrement le chemin serait trop long pour toi. » Élie se leva, il mangea et but puis, fortifié par cette nourriture, il marcha 40 jours et 40 nuits jusqu'à la montagne de Dieu, l'Horeb.

Qui de nous ne connaît le découragement ? Pire encore, le sentiment du vide, de l'inutilité de sa vie. Ne serais-je pas heureux d'accepter une parole qui réconforte ou qui réoriente, un encouragement sincère qui aide à reprendre un chemin de vie ou, tout simplement, l'offrande d'un peu d'eau fraîche ou d'un fruit ? Quelles rencontres sur le Chemin ont été comme des anges, des messagers apportant des éléments de réponse à ma quête ?

Chapitre 9 Épreuves et tentations

 Saint Thomas d'Aquin (1224-1274). Thomas entre à 22 ans dans l'ordre des Dominicains. Célèbre pour ses écrits théologiques, il vit au couvent de Naples et entreprend de nombreux voyages pour enseigner. Malgré sa corpulence et des douleurs aux jambes (il souffre d'hydropisie), il parcourt à pied, chaussé de sandales, 11 000 kilomètres. Un jour, un moine étranger qui doit aller en ville demande à Thomas de l'accompagner ; celui-ci, qui souffre, va lentement, essuyant les reproches de son compagnon. En ville, les gens étonnés font connaître à l'étranger la qualité de celui qui marche à ses côtés. Confus, le moine s'excuse ; Thomas lui répond que l'on peut aller loin pour l'amour de Dieu. ■

 « Celui qui croit tenir debout, qu'il prenne garde de tomber. » ■
SAINT PAUL, 1RE ÉPÎTRE AUX CORINTHIENS 10, 12

« J'ai gagné la certitude, en cours de route, que les catastrophes sont là pour nous éviter le pire. Et le pire, c'est bel et bien d'avoir traversé la vie sans naufrages, d'être resté à la surface des choses, d'avoir dansé au bal des ombres, d'avoir pataugé dans ce marécage des on-dit, des apparences, de n'avoir jamais été précipité dans une autre dimension. » ■

CHRISTIANE SINGER

« Je ne veux pas prier d'être protégé des dangers, mais de pouvoir les affronter. » ■

RABINDRANATH TAGORE

« N'oubliez jamais ceci : il ne vous est jamais donné d'épreuves que vous ne puissiez surmonter. » ■

RABBI NACHMAN DE BRESLAU

« Dans les moments où on se sent abandonné, s'abandonner davantage encore. Ne pas essayer de se raccrocher. Au contraire. S'ouvrir en quelque sorte à l'abandon. Où parfois surgit l'Autre. » ■

GEORGES HALDAS

« Lorsque cela semble difficile, souviens-toi que nous ne sommes pas appelés à réussir mais à être fidèles. » ■

MÈRE TERESA

« Venez à moi, vous tous qui peinez et ployez sous le fardeau et moi je vous donnerai le repos. Prenez sur vous mon joug et mettez-vous à mon école car je suis doux et humble de cœur, et vous trouverez le repos de vos âmes. Oui, mon joug est facile à porter et mon fardeau léger. » ■

ÉVANGILE SELON SAINT MATTHIEU 11, 28-30

Le pendu, la poule et le coq

En 1090, deux pèlerins allemands et leur fils firent halte dans une auberge à Santo Domingo de la Calzada [variante : à Toulouse]. Or, tandis qu'ils dormaient, l'aubergiste cupide [variante : la servante éconduite par le jeune homme] cacha une coupe précieuse dans leurs bagages. Alors qu'ils s'étaient mis en route, ils furent rattrapés par une troupe armée et l'on trouva la coupe dans les affaires de l'adolescent, qui fut aussitôt condamné et pendu. Ses malheureux parents, accablés de douleur, décidèrent dans un élan de foi de continuer leur voyage. Ils arrivèrent en larmes à Compostelle, prièrent longuement, puis firent demi-tour. Revenus à l'endroit du supplice, trente-six jours plus tard, ils allèrent se recueillir devant le gibet. Le garçon leur adressa alors la parole : « Ne vous affligez pas, saint Jacques m'a soutenu et m'a nourri durant tout ce temps. » Fous de joie, ils se précipitèrent chez le juge, interrompant son repas. « Si votre fils est vivant, ironisa-t-il, cette poule et ce coq rôtis se mettront à chanter dans mon assiette ! » Alors, les deux volailles se dressèrent sur le plat ; le coq chanta et la poule caqueta. Le fils innocenté fut rendu à ses parents et, depuis ce jour, on trouve une poule et un coq dans l'église de Santo Domingo de la Calzada. ■

Chapitre 10

La purification intérieure

*« Dieu façonne l'homme
comme la mer façonne
les continents,
en se retirant. »*

HÖLDERLIN

La purification intérieure

Le légendaire jacobéen rapporte un étonnant miracle. Un chrétien, par esprit de repentance, consigna son péché sur un parchemin, puis le porta jusqu'à Compostelle. Là, il déposa le document sur l'autel de saint Jacques où il veilla toute une nuit. Le lendemain, l'encre était effacée : par l'intercession de l'Apôtre, sa faute avait été pardonnée.

Ce jacquet fait partie de ceux qui, au Moyen Âge, partent sur les routes pour expier leurs péchés et gagner des indulgences. Cette démarche était parfois volontaire : l'Église, qui entretenait chez ses fidèles la crainte du Jugement dernier – comme le montre par exemple le tympan de l'abbatiale Sainte-Foy de Conques –, encourageait de telles pratiques. Mais il arrivait que ces pèlerinages pénitentiels fussent imposés par une autorité ecclésiastique ou un tribunal civil. La destination et les conditions du voyage étaient alors proportionnelles à la gravité de la faute. Certains pécheurs, ainsi que les prisonniers, étaient condamnés à marcher enchaînés et pieds nus. Au retour, ils abandonnaient l'objet de leur supplice : libérés de leur péché, ils commençaient une nouvelle vie.

Ces émouvants témoignages d'une autre époque ont traversé les siècles pour parvenir jusqu'à nous. Dans plusieurs églises qui jalonnent le parcours, comme à Saint-Léonard-de-Noblat, à

Chapitre 10 **La purification intérieure**

Chaînes laissées par un prisonnier délivré. Collégiale de Saint-Léonard-de-Noblat (Haute-Vienne), placée sous la protection du patron des prisonniers.

Rocamadour ou à Santo Domingo de la Calzada, des chaînes et des menottes sont exposées en ex-voto. Qu'ont-elles à nous dire aujourd'hui ? Tout d'abord que ce Chemin est encore, au sens propre du terme, une voie de libération. Les associations Oikoten, en Belgique, et Seuil, en France[1], emmènent des jeunes au parcours chaotique marcher sur des chemins européens, en particulier en Espagne, pour leur offrir une chance de transformer leur peine de prison et

---

1. L'association Seuil a été imaginée par Bernard Ollivier à l'issue de son pèlerinage à Compostelle et créée en mai 2000 (www.assoseuil.org).

La purification intérieure

de réussir ensuite leur réinsertion. Ce sont là de magnifiques initiatives, porteuses d'espoir.

Mais les pèlerinages pénitentiels sont aujourd'hui minoritaires, les motivations des pèlerins ayant évolué au cours des siècles. On ne part plus à Compostelle pour gagner des indulgences et, en conséquence, sauver son âme. Est-ce à dire que cette dimension expiatoire est totalement absente de la pérégrination contemporaine ? Sans doute pas, même si elle se manifeste différemment. Pour la plupart des jacquets, la purification intérieure demeure une condition nécessaire à la progression. Au fur et à mesure de la marche, il faut se libérer de tous ces « parasites » qui empêchent d'avancer : c'est le sens des actes rituels effectués à l'approche du sanctuaire. Certains pèlerins parlent de « nettoyage », de « grande lessive », et Luc Adrian a imaginé à ce sujet le terme évocateur de « caminothérapie[1] ». Il s'agit de retrouver une certaine hygiène de vie, à la fois physique et spirituelle ; de redresser ce qui était « tordu », comme les fameuses colonnes obliques du cloître de l'église San Pedro de la Rúa, à Estella. N'exprime-t-on pas là, dans un vocabulaire contemporain, la volonté de se libérer d'un certain esclavage, d'abandonner les chaînes de ses dépendances ? ■

---

1. Luc Adrian, *Compostelle. Carnet de route d'un pèlerin*, Presses de la Renaissance, 2002, p. 98.

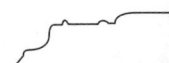

Chapitre 10 La purification intérieure

« J'ai adapté la longueur et la cadence de mes pas à la pente importante. La sueur perle et je sens les muscles des cuisses se bander sous l'effort. [...] Au sommet, je retrouve un paysage aussi désolé que celui d'hier. À sa gravité résultant du relief monotone et dépouillé s'ajoute le marquage du chemin par des croix de bois plantées dans des cairns. Pour le chrétien fervent, ces croix dressées sont le symbole évident d'une identification au chemin de croix originel. Au Moyen Âge, effectuer le pèlerinage était pour beaucoup une pénitence, bons chrétiens ou criminels ayant vu leur peine se commuer en cette épreuve de repentir. La grandeur tragique du décor est lourde de symbole pour qui arpente ces terres, même étranger à un tel sentiment. Tout est matière à réflexion sur ce chemin. Je crois de moins en moins que la décision qui m'a fait emprunter cette voie soit le fruit du hasard. Si le seul besoin de marcher avait dominé, j'aurais pu tout aussi bien aller user mes chaussures sur n'importe quel parcours de grande randonnée [...] qui m'aur[ait] tenu à l'écart des routes, des villes, de leurs zones industrielles, ainsi que de la monotonie lancinante de cette portion de chemin devenue mon lot quotidien. » ■

(Jean-Yves Grégoire, *Le Chemin des Étoiles,* Rando éditions, 1998, p. 33-34.)

Pierre-Yves Albrecht
(philosophe et écrivain)

 — *Croyez-vous que le Chemin soit un itinéraire de libération ?*

— Oui, le *Camino*, comme tout chemin, est celui qui nous fait faire l'expérience d'un « centre » dans nos vies. Aller vers ce centre, c'est aller vers soi-même en se dépouillant de tout ce qui est superficiel, de tout ce qui appartient au « monde de la circonférence » : ce que la sagesse populaire appelle le « métro-boulot-dodo ». Si les pèlerins vont à Compostelle, c'est pour trouver leur centre. Or, le centre le plus parfait, c'est Dieu, la source ou le principe. Lorsqu'on s'est éloigné du principe, le ciel se voile et la lumière ne passe plus, nos facultés fonctionnent mal, notre personnalité est en déséquilibre. Le pèlerinage nous rapproche de cette source.

— *C'est ce que vous avez vécu vous-même ?*

— Oui, j'ai cheminé sous les étoiles, comme on va au désert. Ce fut une véritable expérience spirituelle pour moi. En hébreu, le désert se dit *midebar* et signifie « ce qui vient du Verbe » ou « ce qui recouvre et occulte le Verbe ». En marchant, je me suis peu à peu libéré des voiles qui m'empêchaient de m'ouvrir au Verbe, au Mystère. Ce nouveau regard découvre une réalité plus subtile. Du quotidien opaque, on dégage quelque chose d'aérien et d'ailé qui donne sens

Chapitre 10 La purification intérieure

à notre vie. On change de perspective, comme l'alpiniste qui passe de la plaine au sommet de la montagne.

— *Qu'est-ce que le Chemin apporte aux jeunes toxicomanes que vous accompagnez ?*

— C'est un parcours progressif qui mène à une libération par rapport à la dépendance, puis à une métamorphose en rapport avec l'âme et, enfin, à une connaissance de soi. Dans notre centre, notre travail s'effectue en sept étapes qui correspondent chacune aux sept voiles bloquant nos sept facultés (sensation, représentation, émotion, jugement, mémoire, imagination, volonté). La marche vers Compostelle est la première étape qui nous amènera à faire le tour des déserts bordant la Méditerranée. Elle correspond à l'initiation portant sur les facultés de la sensation et de la représentation, responsables de notre vision du monde.

— *Vous souvenez-vous de quelques jeunes de vos foyers qui ont parcouru ce chemin ?*

— Bien sûr ! Je pense, par exemple, à Sophie, directrice actuelle du chœur « Aurore » ou à André [le prénom a été modifié], condamné à une dizaine d'années de prison pour trafic de drogue et pour avoir tiré sur quelqu'un. Il a effectué tout son parcours dans nos foyers, il est devenu éducateur puis à son tour directeur d'institution. ■

Le chemin de la Bible

Psaume 50 (1-19).

Pitié pour moi, mon Dieu, dans ton amour,
selon ta grande miséricorde,
efface mon péché.
Lave-moi tout entier de ma faute,
purifie-moi de mon offense.
Oui, je connais mon péché,
ma faute est toujours devant moi.
Contre toi et toi seul, j'ai péché,
ce qui est mal à tes yeux, je l'ai fait.
Ainsi, tu peux parler et montrer ta justice,
être juge et montrer ta victoire. […]
Tu veux au fond de moi la vérité ;
dans le secret, tu m'apprends la sagesse. […]
Crée en moi un cœur pur, ô mon Dieu,
renouvelle et raffermis au fond de moi mon esprit.
Ne me chasse pas loin de ta face,
ne me reprends pas ton esprit saint. […]
Le sacrifice qui plaît à Dieu,
c'est un esprit brisé ;
tu ne repousses pas, ô mon Dieu,
un cœur brisé et broyé.

La purification progressive qui peut s'opérer dans l'esprit et l'âme du pèlerin engendre une conversion. Laisser tomber lentement en moi ce psaume 50… Verset après verset, goutte à goutte, descendre de l'intellect au cœur profond, et laisser agir la Parole. Que me révèle-t-elle de moi-même, de ma vie et de mes désirs ? Désormais, où irai-je et comment avancerai-je ?

Chapitre 10 **La purification intérieure**

 Saint Pierre d'Alcantara (1499-1562). Entré à 16 ans chez les Franciscains, Pierre fonde au sein de cet ordre la branche plus radicale des «Franciscains déchaussés» et observe un mode de vie très strict : «Quel courage Dieu a donné à ce saint pour faire quarante-sept ans si âpre pénitence!», dira sainte Thérèse d'Avila. Il va pieds nus afin de «fouler le monde aux pieds». Il ne mange que tous les trois jours. Il dort assis contre le mur, et seulement une heure et demie afin d'avoir du temps pour prier et méditer. Prédicateur exceptionnel, il ne parle que si on l'interroge. En hiver, il va tête nue, ne porte qu'un léger manteau et laisse toujours sa porte ouverte. ■

« Ce jour-là, j'ai bien cru tenir quelque chose et que ma vie s'en trouverait changée. Mais rien de cette nature n'est définitivement acquis. Comme une eau, le monde vous traverse et pour un temps vous prête ses couleurs. Puis se retire, et vous replace devant ce vide qu'on porte en soi, devant cette espèce d'insuffisance centrale de l'âme qu'il faut bien apprendre à côtoyer, à combattre, et qui, paradoxalement, est peut-être notre moteur le plus sûr. » ■

NICOLAS BOUVIER

Le chemin des hommes

«Il est bon d'être seul parce que la solitude est difficile. Qu'une chose soit difficile doit nous être une raison de plus de l'entreprendre.» ■

RAINER MARIA RILKE

«Je voudrais que vous appreniez à désirer et à aimer ce qui nous fait mourir à nous-même. Tant qu'on ne fait que la supporter, la vie est insupportable.» ■

MADELEINE DELBRÊL

«Parce qu'ils ne sont pas blessés, ils ne sont pas vulnérables. Parce qu'ils ne manquent de rien, on ne leur apporte rien. Parce qu'ils ne manquent de rien, on ne leur apporte pas ce qui est tout. La charité même de Dieu ne panse point celui qui n'a pas de plaies. Or celui qui n'est pas tombé ne sera jamais ramassé; et celui qui n'est pas sale ne sera pas essuyé.» ■

CHARLES PÉGUY

«Fais à notre Seigneur le crédit de penser que sa main te mène bien, à travers l'obscurité et le "devenir", et accepte, par amour pour Lui, l'anxiété de te sentir en suspens, et comme inachevé.» ■

PIERRE TEILHARD DE CHARDIN

«J'ai vu Dieu en rêve. Je l'ai questionné : "Seigneur, quel est le chemin qui mène jusqu'à Toi? — Passe au-dessus de toi-même, et tu y es!"» ■

BAYESID BISTAMI

Le prince aux pieds nus

En 1099, un jeune noble de Lombardie devenu orphelin, Guillaume de Verceil, décide à 15 ans de se rendre à Compostelle afin d'éprouver son désir de donner sa vie à Dieu. Pieds nus et revêtu d'un léger habit de pèlerin, il connaît la faim et la soif, supporte la chaleur et le froid, affronte mille dangers. Cependant, ne trouvant pas sa pénitence suffisante, il se fait poser sur chaque cheville un cercle de fer qui rend sa marche encore plus pénible. À son retour en Italie, il fonde la communauté d'ermites du Monte-Vergine. Là, il ne mange que des herbes crues avec un peu de pain. Un jour, un loup dévore l'âne de la communauté. Guillaume ordonne à la bête sauvage de racheter sa faute en prenant la place de l'âne, ce que fait le loup, attelé à la charrette des moines. L'ermite opère des guérisons qui attirent les foules et il prêche à la cour du roi de Naples. Des courtisans jaloux lui envoient, pour le pousser au péché, une femme de petite vertu. Guillaume lui donne rendez-vous la nuit suivante. Quand elle arrive, elle le trouve couché sur un lit de braises. « Viens me rejoindre », lui propose-t-il. Tombant à genoux, elle se convertit et commence une nouvelle vie ; elle sera même béatifiée sous le nom d'Agnès de Venosa. ∎

Chapitre 11

Rencontrer l'autre

« *Seul un moi vulnérable peut aimer son prochain.* »

EMMANUEL LEVINAS

Rencontrer l'autre

🐚 Sur les chemins de Saint-Jacques, un miracle quotidien se produit, et se renouvelle sans cesse : celui de la fraternité. Tous ces pèlerins qui, délivrés de leur masque social, ont une apparence semblable, sont sur un pied d'égalité. Ils marchent vers le même but, ont les mêmes préoccupations et traversent, dans la précarité, les mêmes épreuves. Ils doutent ensemble, ils cherchent ensemble. Cette aventure partagée inspire empathie et compassion. Car comme le remarque justement saint Bernard : « Pour se sentir malheureux du malheur d'autrui, il faut commencer par sentir son propre malheur[1] ». Le contraire est également vrai. Les joies simples comme les grands bonheurs ressentis sur la route forgent une mémoire commune qui favorise le partage.

On comprend donc comment, à l'échelle d'un continent, cette solidarité a pu engendrer une culture aussi originale. Goethe aurait dit à ce sujet : « L'Europe est née en pèlerinage et le christianisme est sa langue maternelle. » Il pensait, bien sûr, aux foules de pèlerins qui s'en allèrent prier « monsieur saint Jacques » en Galice, mais aussi sans doute aux bâtisseurs qui, de chantier en chantier, jalonnaient leur itinérance

---

1. Bernard de Clairvaux, *Traité des degrés de l'humilité et de l'orgueil*, chap. III.

Chapitre 11 **Rencontrer l'autre**

Les « peuples inconnus », opposés aux « peuples connus ». Tympan de la basilique Sainte-Marie-Madeleine de Vézelay (Yonne), XIIe siècle.

de multiples échanges. Ces compagnons, dont le nom dessine un vaste programme de charité (le compagnon, *cum panis*, est celui qui « partage son pain avec »), peuvent servir d'exemple aux jacquets d'aujourd'hui.

En effet, cette Europe est plus que jamais en marche, et toujours en construction. Le Chemin de Saint-Jacques, proclamé en 1987 « Premier Itinéraire culturel européen », en est l'un des ambassadeurs. En Espagne, plusieurs pays se sont donné rendez-vous : près de Frómista, l'ermita San Nicolás est tenu par des hospitaliers italiens, et le gîte de Rabanal del Camino par les Anglais de la Confraternity of St James ; à Molinaseca, le refuge a été construit par des Suisses et à Azofra par des Allemands. N'est-ce pas là un beau symbole de l'entraide européenne ?

En outre, le brassage des cultures dépasse à présent le Vieux Continent, puisqu'on a recensé parmi les pèlerins, ces dernières années, plus de 140 nationalités différentes. Au titre de leur démarche, tous sont des étrangers[1] qui cheminent vers un ailleurs, et présentent à chaque étape un passeport équivalent. Même la langue n'est plus un obstacle à la communication, car l'école de la route est souveraine : un geste d'entraide, un sourire y sont plus efficaces qu'une parole. Évanouie la crainte de l'autre, de la différence : le Chemin laisse place à la rencontre.

C'est l'une des évolutions remarquables du pèlerinage compostellan. Au Moyen Âge, l'étranger inspirait souvent la peur : inconnu, il était relégué aux marges de l'humanité. D'où ces représentations d'êtres hybrides, sur le tympan de la basilique de Vézelay, et dans *Le Guide du pèlerin* où les Navarrais sont affublés d'adjectifs infamants[2]. Aujourd'hui, cet itinéraire privilégié est un espace de convivialité. L'autre, désormais familier, n'est plus redouté. Mais cet équilibre est fragile. À chacun de consolider ce précieux héritage afin que ce Chemin continue à progresser vers la maturité, jusqu'à devenir, pour tous, un modèle du « vivre ensemble ». ∎

---

1. Voir dans le lexique l'étymologie du terme « pèlerin ».
2. Voir Jeanne Vielliard (trad.), *Le Guide du pèlerin de Saint-Jacques-de-Compostelle*, op. cit., p. 29-31.

Chapitre 11 **Rencontrer l'autre**

Le chemin d'un pèlerin

« Jean souffrait de sa main gauche amputée d'un doigt brûlé par le froid. Elle lui tendit son gant puis garda cette main-là dans sa poche. De l'autre, elle prit son bâton pour s'accrocher à cette journée pénible, la dernière sans doute. [...] L'adversité liait leurs sorts. Elle régla son pas sur le sien, saccadé par cette jambe brisée lors d'un accident de moto, payé de six mois d'hôpital puis de la spirale infernale du chômage. Depuis, toute sa vie semblait avoir dépéri.

Au détour de trois maisons, ils tombèrent sur un bistrot aux airs d'avant-guerre [...]. Il restait à chacun de quoi s'offrir un café. La serveuse accepta de leur donner du pain et Laurence retrouva au fond de son sac un peu de beurre qu'ils saupoudrèrent de sucre pour confectionner les meilleures tartines du monde. Face à face, ils trinquèrent en souriant.

[...] Fouettés par un vent boréal, ils se réfugièrent dans une station-service où [...] elle sollicita des routiers et des automobilistes qui, tour à tour, se dérobèrent. Jean comprit qu'on l'évitait et proposa de repartir seul sur la route.

"Ah non ! On reste ensemble !"

Et comme il voulut lui rendre son gant, elle lui donna l'autre. » ■

(Laurence Lacour, *Jendia, jendé. Tout homme est homme sur le chemin de Compostelle*, Bayard, 2003, p. 155-156.)

Ji Dahai
(artiste peintre et calligraphe)

— *Vous êtes chinois, bouddhiste. Qu'est-ce qui vous a poussé à venir en extrême Occident parcourir un chemin de pèlerinage chrétien ?*

— La curiosité, l'envie de rencontrer l'autre. J'avais entendu parler de ce chemin, l'unique chemin où les différences culturelles se rencontrent, où la spiritualité et la laïcité peuvent coexister. Cette liberté d'esprit m'a attiré. Je suis venu avec l'œil nu en me considérant comme un pèlerin de l'art.

— *Quelles ont été vos rencontres les plus fortes, tant avec des personnes qu'avec des lieux ?*

— Sur ce chemin, j'ai trouvé un frère… Chaque rencontre est précieuse : finalement, on se découvre grâce à la personne qui nous manquait. Les lieux forts sont également nombreux, et chacun y vit à la fois quelque chose de commun et de très différent. Eunate, en Espagne, et la montée des Pyrénées, ont été des moments inoubliables. Un pèlerinage comme celui-ci marque une vie et devient une richesse personnelle : les efforts physiques, les rencontres, les prières avec les chrétiens, les différences culturelles ont laissé leur empreinte dans ma mémoire et dans ma peinture.

— *Qu'est-ce que ces rencontres vous ont enseigné ?*

Chapitre 11 Rencontrer l'autre

— Ces rencontres nous permettent, en fin de compte, de nous reconnaître nous-mêmes à tous les points de vue : nous nous découvrons nus grâce aux autres car ils sont notre propre miroir. Comme je l'explique dans mon livre, l'enfant ignorant que j'étais a grandi sur le chemin. Quand il retourne la tête, il voit que tout ce qu'il a appris sur le chemin était déjà écrit dans le ciel. Tous les petits cailloux qu'il a ramassés se reflètent dans les étoiles.

— *Et s'il fallait peindre avec le « pinceau des mots » ce que ce pèlerinage vous a fait découvrir des chrétiens et du christianisme ?*

— Vous savez, je m'appelle Dahai (qui se prononce en fait « Darai »), mais, en France, je l'entends souvent prononcer « Da Ai », qui veut dire « grand amour » en chinois. C'est ce que j'ai compris dans le bouddhisme et c'est ce que j'ai vécu chez les chrétiens : nous devons tous nous aimer les uns et les autres. La vie spirituelle ne concerne que soi-même et la joie de la partager avec ses confrères. Nos différences sont ce qu'il y a de plus précieux dans ce monde. ∎

Le chemin de la Bible

Évangile selon saint Jean (4, 6-15).
Fatigué du chemin, Jésus était assis tout simplement au bord du puits. Arrive une femme de Samarie pour puiser de l'eau. Jésus lui dit : « Donne-moi à boire. » Mais cette femme lui dit : « Comment ? Toi, un Juif, tu me demandes à boire à moi, une Samaritaine ? » Jésus lui répondit : « Quiconque boit de cette eau-ci aura encore soif ; mais celui qui boira de l'eau que je lui donnerai n'aura plus jamais soif ; au contraire, l'eau que je lui donnerai deviendra en lui une source jaillissant en vie éternelle. » La femme lui dit : « Seigneur, donne-moi cette eau pour que je n'aie plus soif et que je n'aie plus à venir puiser ici. » Jésus lui dit : « Crois-moi, femme, l'heure vient, elle est là, où les vrais adorateurs adoreront le Père en esprit et en vérité ; tels sont, en effet, les adorateurs que cherche le Père. Dieu est esprit et c'est pourquoi ceux qui l'adorent doivent adorer en esprit et en vérité. »

Les rencontres sur le Chemin sont fondamentales, souvent inattendues. Elles permettent souvent un dialogue vrai par lequel chacun poursuit sa quête intérieure et la partage : où en suis-je, dans ma vie ? Qui suis-je vraiment ? Et l'autre, que me révèle-t-il du Tout-Autre ?

Chapitre 11 **Rencontrer l'autre**

 Bienheureux Charles de Foucauld (1858-1916). Militaire, Charles démissionne à 28 ans pour mener une vie de prière et de pénitence comme ermite, en Palestine d'abord, puis dans le désert du Sahara. Il se construit une maison en pierre et en terre séchée, et apprend le *tamachek*, l'idiome des Touaregs. Il rédige un lexique touareg-français et traduit de nombreuses poésies et chants touaregs. Les femmes nomades l'apprécient beaucoup et prient même pour qu'il se convertisse à l'islam… Lui, de son côté, pratique «l'apprivoisement» : «continuer au Sahara la vie cachée de Jésus à Nazareth, non pour prêcher, mais pour vivre dans la solitude, la pauvreté, l'humble travail de Jésus». ∎

«Et je me demande soudain si tous les instants qui justifient une existence ne se résument pas à cela : un regard qui en rencontre un autre, un rendez-vous d'âmes égales, un jalon pour l'éternité.» ∎

GILBERT CESBRON

«Le vrai amour ne prend rien ; il vous laisse même votre solitude, la bonne solitude où vous pouvez aller par vous-même, indépendant. Mais le vrai amour ne vous abandonne jamais. Ainsi la parole aimante est-elle une demeure où nous pouvons habiter dans l'errance. » ■

MAURICE BELLET

« Nous gagnerions plus de nous laisser voir tels que nous sommes que d'essayer de paraître ce que nous ne sommes pas. » ■

FRANÇOIS DE LA ROCHEFOUCAULD

« Marcher dix jours avec quelqu'un, c'est vivre dix ans avec lui. » ■

JACQUES LANZMANN

« Un étranger est un ami que je ne connais pas encore. » ■

CATHERINE DE HUECK DOHERTY

« Il ne s'agit plus désormais que d'offrir à l'autre toute la bonté qui est en nous. Chacune de nos rencontres est aussi un adieu. » ■

ETTY HILLESUM

« Être capable de trouver sa joie dans la joie de l'autre : voilà le secret du bonheur. » ■

GEORGES BERNANOS

« Involontairement, je suis toujours porté à croire que le meilleur moyen pour connaître Dieu c'est d'aimer beaucoup. Aimez tel ami, telle personne, telle chose, ce que tu voudras, tu seras dans le bon chemin pour en savoir plus long après. Mais il faut aimer d'une haute et d'une sérieuse sympathie intime... » ■

VINCENT VAN GOGH

De curieuses découvertes

En 1465, Léon de Rozmital, seigneur de Bohême, se rend à Compostelle avec vingt cavaliers, cinquante chevaux et un chariot. Les pèlerins, sans négliger le but pieux de leur périple, allant de lieux de culte en reliques à vénérer, s'accordent néanmoins quelques distractions : joutes et tournois agrémentent leur voyage et sont l'occasion de rencontres étonnantes. Dans la ville de Bruges, nos pèlerins voient des gens pratiquer le patin à glace. À Aix-la-Chapelle, ils découvrent les joies de la chasse au furet. À Calais, ils observent avec perplexité le mouvement des marées, puis c'est la découverte du mal de mer sur la Manche : «Ils gisaient sur le pont comme s'ils étaient morts.» En Angleterre, la coutume des nobles anglaises d'embrasser leurs hôtes les séduit. Lors du voyage de retour sur le continent, ils échappent par miracle à un naufrage. À Burgos, ils sont accueillis avec «des jeux charmants et variés, comme des danses, dans les jardins les plus délicieux». À la cour d'Espagne, les pèlerins font sensation avec leurs longues chevelures. À Santiago, l'église est assiégée par un seigneur étranger et les pèlerins parviennent à grand-peine à y entrer. Ils reviennent chez eux neuf mois plus tard, plus humbles et l'esprit plus ouvert. ■

À lire sous les étoiles

Chapitre 12

Gravir les montagnes

« Toute ascension se nourrit d'une douleur dépassée... Monter, c'est surmonter. »

GUSTAVE THIBON

Gravir les montagnes

🐚 Dans la plupart des religions, les montagnes sont des lieux bénis des dieux : elles représentent des «axes du monde», des piliers cosmiques sur lesquels repose la voûte céleste. Le Chemin de Saint-Jacques ne fait pas exception. *Le Guide du pèlerin* cite parmi les «trois colonnes nécessaires entre toutes» les hospices du Mont-Joux et de Sainte-Christine, respectivement situés au col du Grand-Saint-Bernard et au col du Somport. «Ce sont des lieux sacrés, poursuit-il, des maisons de Dieu pour le réconfort des saints pèlerins[1].»

Sur les itinéraires qui mènent à Compostelle, bien d'autres monts, rocs ou collines, mériteraient ce qualificatif : Roncevaux, au passage des Pyrénées, mais aussi des sites d'apparitions mariales, tel Bétharram, près de Lourdes, ou consacrés par un saint, comme le Mont-Sainte-Odile, la Sainte-Baume et le Mont-Saint-Michel, sans oublier le modeste Monte Santiaguiño, à Padrón, où l'apôtre Jacques aurait commencé sa prédication. Ce sont des étapes majeures du voyage, qui incitent à la halte. Parfois, d'ailleurs, une ouverture ménagée dans le roc invite à pénétrer dans une grotte obscure : c'est

---

1. Jeanne Vielliard (trad.), *Le Guide du pèlerin de Saint-Jacques-de-Compostelle*, op. cit., p. 11.

Chapitre 12 **Gravir les montagnes**

Monastère de San Juan de la Peña (Aragon), niché au cœur des Pyrénées, X^e-XIIe siècle.

là, dans les entrailles de la terre, que le pèlerin pourra se régénérer. L'eau primordiale qui s'écoule d'une source symbolise cette renaissance, sous le regard maternel d'une Vierge Noire qui, à Rocamadour ou à Montserrat, préside à la transmutation.

Ces points culminants sont ainsi, par excellence, le domaine de la hiérophanie[1]. Réconciliant ombre et lumière, entre ubac et adret, le sacré s'y manifeste au point d'équilibre : le sommet. Sur la montagne d'Arunâchala, en Inde, le père Henri Le Saux connaîtra l'extase qui bouleversera sa vie : « Celui qui reçoit cette

---

[1]. Concept, introduit par Mircea Eliade dans son *Traité d'histoire des religions*, qui signifie « manifestation du sacré ».

Gravir les montagnes

Lumière éblouissante est pétrifié, déchiré, il ne peut plus parler, il ne peut plus penser, il reste là hors du temps et hors de l'espace, seul dans la solitude même du Seul[1] ». Ce moine bénédictin, au terme de cette expérience mystique, ira jusqu'à affirmer qu'il a découvert le Graal... Faut-il donc s'étonner si, sur les hauteurs de certaines voies jacquaires, on trouve mention de cet objet mythique assimilé au Saint Calice ? À San Juan de la Peña, tout d'abord, au cœur des Pyrénées, où les jacquets venaient jadis admirer ce trésor apporté de Huesca au XIe siècle par un soldat espagnol. Au col du Cebreiro, ensuite, où d'autres sources le localisent, ou encore à l'abbaye de Montserrat, qui serait le fameux « Montsalvat », le « Mont du Salut »...

Quoi qu'il en soit, la montagne, lieu sacral, impose un code de conduite. Son ascension, qui est un acte rituel, doit respecter des paliers : après la marche d'approche, il faut engager la montée lentement, et effectuer des pauses. Toute ascension est nécessairement progressive, à l'image des degrés de la vie intérieure que l'âme doit gravir un à un pour réussir son envolée vers les cimes. ∎

---

1. *Souvenirs d'Arunâchala*, Éditions Épi/Desclée de Brouwer, 1978, p. 58.

Chapitre 12 **Gravir les montagnes**

« Il ahane, il halète, il hale sa carcasse. Mon maître [c'est l'orteil de l'auteur qui s'exprime] aborde ici la dernière dénivelée importante du *Camino francés*. En montant, il songe à la descente. Il baisse la garde de son esprit, les sens mobilisés par une progression délicate sur des dalles glissantes, dans des rails boueux. Les pensées parasites se bousculent en lui. J'en profite pour subtiliser les concepts et glisser, à la place d'une confortable image d'ascenseur ailé qui lui épargnerait quelques suées, cette réflexion du Christ qui va l'élever autrement : "Nul n'est monté au ciel sinon celui qui est descendu" (Jean 3, 13).

À ceux qui lui confiaient vouloir faire l'ascension du mont Carmel, saint Jean de la Croix répondait : "Dites plutôt une descente !" Jésus n'est pas venu sur terre proposer une échelle dont on gravirait progressivement les degrés pour décrocher une médaille olympique de la perfection, mais un chemin de descente dans les profondeurs de l'humilité. "Celui qui s'élève sera abaissé, mais celui qui s'abaisse sera élevé" (Luc 14, 11). Quel autre chemin pourrions-nous emprunter que la descente quand celui qui s'est nommé le Chemin est "descendu" par toute sa vie ? » ∎

(Luc Adrian, *Compostelle. Carnet de route d'un pèlerin*, Presses de la Renaissance, 2002, p. 185-186.)

Jean-Claude Bourlès
(écrivain)

— *Quelles ascensions vous ont le plus marqué sur le Chemin?*

— Je pourrais citer Roncevaux et le Cebreiro, mais aussi le col del Pardón pour la symbolique des lieux et des noms. Pourtant, c'est un tout autre endroit, dans les Montes de León, au-dessus de Santibáñez, qui s'impose à ma mémoire. Non pas à cause de la difficulté de l'ascension (c'est à peine un col, plutôt une grosse bosse d'où la vue sur les plaines léonardes est magnifique) mais parce que c'est là que j'ai décidé, à 56 ans, de quitter mon travail pour vivre autre chose.

— *Que s'est-il passé?*

— Je pense en fait que cette décision mûrissait depuis quelque temps; c'est là qu'elle s'est imposée, comme ça aurait pu être ailleurs. C'était en 1993. J'étais parti sur le Chemin, agnostique et pas du tout dans une démarche spirituelle, plutôt par curiosité. Et voilà qu'arrivé à Santibáñez, après León où je m'étais d'ailleurs foulé le poignet lors d'une chute, je décide de tout plaquer sans en mesurer les conséquences immédiates : pas de retraite, pas de chômage; mais une liberté, dont celle de repartir vers Santiago, depuis Le Puy-en-Velay cette fois, et pour 57 jours.

— *Ce fut donc une expérience d'ordre spirituel…*

Chapitre 12 **Gravir les montagnes**

— Oui, car elle a éveillé une réflexion qui traînait quelque part en moi, non pas le fameux « qui suis-je ? » mais « où en suis-je avec la religion et l'Église ? ». Agnostique, je l'ai dit, et très inculte dans les domaines religieux, j'ai découvert – grâce à un musulman rencontré sur le chemin – que j'étais, que je le veuille ou non, chrétien. Qu'est-ce que cela voulait dire ? Et pourquoi ce manque de curiosité et de réflexion pendant cinquante-six ans ? C'est, me semble-t-il, ce vide que j'ai commencé à combler sur cette route et, comme il ressemblait à un tonneau de poudre, il a explosé à Santibáñez.

— *Où en êtes-vous aujourd'hui ?*

— Si je me dis toujours agnostique, je connais les limites du terme et ce qu'il recouvre de questionnements. En revanche, j'ai du mal à trouver ma place dans l'Église. Voilà ce qui me reste de ce que vous appelez des franchissements, mais qui ne sont pas forcément pentus. Au fond, je pense que c'est le cheminement qui est important, y compris en plaine… même s'il est moins symbolique que l'escalade des sommets. ∎

Le chemin de la Bible

Deutéronome (1, 1-4, 10-13). Voici les paroles que Moïse adressa à tout Israël au-delà du Jourdain, dans le désert [...] : « Et ce jour-là, vous vous êtes approchés, vous vous êtes tenus debout au pied de la montagne : elle était en feu, embrasée jusqu'en plein ciel, dans les ténèbres des nuages et de la nuit épaisse. Et le Seigneur vous a parlé du milieu du feu : une voix parlait, et vous l'entendiez, mais vous n'aperceviez aucune forme, il n'y avait rien d'autre que la voix. Il vous a communiqué son alliance, les dix paroles qu'il vous a ordonné de mettre en pratique, et il les a écrites sur deux tables de pierre. »

Sur le Chemin comme dans la vie, il y a des hauts et des bas. Arriver au sommet de la côte, de la colline ou de la montagne demande d'autant plus d'efforts qu'une descente plus ou moins raide vient ensuite. Soleil ou brume, sécheresse torride, pluie ou neige, ce sont d'autres symboles de notre état intérieur qui s'éclaircira dans l'effort puis dans le repos bien mérité.

Quels cols dans ma vie m'apparaît-il nécessaire de franchir ? Quels montagnes me semblent insurmontables et pourquoi ? Que suis-je réellement appelé à franchir ? Pour aller où ?

Chapitre 12 **Gravir les montagnes**

 Saint Bernard de Menthon (x^e ou xie siècle). La ville d'Aoste est une étape de la *via Francigena*, le chemin de pèlerinage vers Rome. L'un des chanoines, Bernard de Menthon ou de Montjoux, s'inquiète devant les nombreux dangers qui guettent les voyageurs au passage des Alpes : les brigands qui les détroussent, les tempêtes qui les égarent, la fatigue, la maladie. Il décide de construire deux hospices, l'un au sommet du col du Grand-Saint-Bernard, l'autre au col du Petit-Saint-Bernard. Il y installe une congrégation de chanoines hospitaliers ; ceux-ci créeront au xviiie siècle la race des chiens saint-bernard pour rechercher les voyageurs égarés. Bernard de Menthon sera proclamé par Pie XI « patron des alpinistes et de tous ceux qui fréquentent les montagnes ». ■

 « Tout ce qui monte converge. » ■
PIERRE TEILHARD DE CHARDIN

« Nous sommes invités à monter plus haut que le bonheur. » ■

LÉON BLOY

« Sept portes se succèdent au long du chemin initiatique de Compostelle, toutes épreuves plus ou moins difficiles de franchissements de massifs montagneux : leur nombre est déjà de soi consacrant et justice de la capacité du candidat à aller toujours *ultreia*, et à tenir jusqu'au terme. » ■

ALPHONSE DUPRONT

« Ma doctrine, […] c'est la montagne unique que nous gravissons par des sentiers différents. Il vaut mieux ne pas trop lorgner vers le sentier du voisin. » ■

THÉODORE MONOD

« Celui qui monte ne s'arrête jamais d'aller de commencement en commencement par des commencements qui n'ont jamais de fin. Jamais celui qui monte n'arrête son désir à ce qu'il connaît déjà ; mais s'élevant successivement, par un autre désir à nouveau plus grand, à un autre supérieur encore, l'âme poursuit sa route vers l'infini à travers des ascensions toujours plus hautes. » ■

GRÉGOIRE DE NYSSE

« Quand les montagnes feraient un écart et que les collines seraient branlantes, mon amitié loin de toi jamais ne s'écartera. » ■

ISAÏE 54, 10

Un si grand mystère

O Cebreiro, situé à 1293 mètres d'altitude, est un haut lieu du Chemin depuis la naissance du pèlerinage. Au XIe siècle, un hôpital y fut d'abord construit par les bénédictins, puis la chapelle Santa Maria la Real fut érigée. Dans ce sanctuaire, un miracle eucharistique se produisit : un matin d'hiver de l'an 1300, une violente tempête de neige s'était abattue sur la région. Le prêtre s'apprêtait à célébrer seul la messe quand il vit entrer un paysan transi et épuisé ; Juan Santin avait affronté la tourmente pour assister à la célébration. Le moine, traversant une crise spirituelle, pensa qu'il était ridicule de se donner tant de mal pour un petit morceau de pain et quelques gouttes de vin. Puis il commença à célébrer la messe. Au moment de la consécration, l'hostie se transforma en chair et le vin devint du sang qui déborda et tacha le corporal, ce linge sur lequel est posé le calice. Le prêtre se convertit et se dévoua sans compter au service de sa paroisse. Ce calice, ainsi que la patène où reposait l'hostie, sont encore visibles dans l'église, tandis que les saintes espèces sont conservées dans un reliquaire que fit confectionner la reine Isabelle et que l'on sort en procession le 15 août et le 8 septembre. ■

Chapitre 13

La traversée du désert

« On va à la gloire par le palais
À la fortune par le marché
À la vertu par le désert. »

ADAGE CHINOIS

La traversée du désert

« Pèlerin, prépare-toi à souffrir : si tu dois mériter ton pèlerinage, c'est ici le lieu. Quarante kilomètres de pistes rectilignes, interminables, dans une plaine immense. Tu vas avoir une idée de l'infini, de la sphéricité de la planète et de la grandeur de l'effort gratuit. Dans la fournaise d'un après-midi d'été, tu verras peut-être au loin le mirage d'un arbre ou d'une ombre, tu rêveras au gazouillis d'une source... Tout de même, bois abondamment avant de partir, et n'oublie pas ton chapeau ! » Tel est l'avertissement qui a marqué tant de jacquets dans le célèbre guide écrit par les pionniers du *Camino francés*[1]. Par ces quelques lignes qui évoquent la Meseta castillane, tout est dit : la chaleur suffocante, le manque de végétation, la monotonie des étendues sans relief. La nécessité, aussi, d'avancer, coûte que coûte, pour traverser cette région si aride qu'on l'a surnommée « mort du pèlerin »...

Car le désert est, comme la montagne, un passage obligé. Une *via dolorosa* qui achève de déconditionner le regard et d'élaguer les

---

1. Abbé Georges Bernès, Georges Véron, Louis Laborde-Balen, *Le Chemin de Saint-Jacques-de-Compostelle. Guide pratique du pèlerin en Espagne*, Éditions Randonnées pyrénéennes, 1986, p. 125.

Chapitre 13 **La traversée du désert**

Élie, au désert, recevant sa manne du Ciel par l'intermédiaire d'un ange. Bas-relief du maître-autel, église Saint-Pierre de Domagné (Ille-et-Vilaine), 1888.

aspérités de l'âme. Lorsqu'il traverse les plaines de Castille, les Causses du Quercy ou les hauts plateaux de l'Aubrac, le pèlerin consomme la rupture. Au fil de ses pas, les dernières certitudes auxquelles il s'accrochait encore s'évaporent, brûlées par le soleil, balayées par le vent. Le voyageur ne possède plus rien, hormis sa faim et sa soif. La solitude des lieux, la pureté de l'air et l'horizon dénudé sont ses nouveaux repères. Il est prêt, désormais, pour la Rencontre.

En effet, de même que les grottes, les cimes, les sources et les îles, le désert est propice aux révélations. Depuis l'aube des temps, Dieu conduit dans la solitude les hommes en quête

« pour parler à leur cœur[1] ». Dans une combe majestueuse qui deviendra une étape majeure de la voie d'Arles, Guillaume d'Aquitaine entendit cet appel et fonda en 804 l'abbaye de Gellone. Ce haut lieu, baptisé Saint-Guilhem-le-Désert, est l'un des sites les plus inspirés du Chemin. Le pèlerin s'y sent en paix, prêt à recueillir la seule Parole qui, en terre aride, est source de vie.

Seulement, voilà : dans toute confrontation à un milieu extrême, il y a un envers au décor. Le Christ fut tenté au désert, et les ermites y subirent les assauts des démons. Le pèlerin doit donc se préparer au combat. « Le désert, c'est un apprentissage », affirme un marabout en remarquant que dans ce terme il y a « apprends, tisse et âge ». « Pour l'apprendre, poursuit-il, il faut savoir en tisser toute la réalité, et pour faire l'œuvre qui alors lie d'une trame croisée le Ciel à la Terre, il faut savoir attendre, prendre l'âge[2]. » Un conseil d'une grande sagesse, à méditer en traversant ces étendues qui à la fois fascinent et effrayent. ■

---

1. Osée 2, 16.
2. Cité par Roselyne Chenu, *Le Désert. Petite anthologie*, Cerf, 1997, p. 49.

Chapitre 13 La traversée du désert

« Je croyais tout savoir du chemin, ses cailloux, sa poussière, ses ciels bas, la pluie, le froid, la fournaise, la fatigue, l'inconfort, le doute... l'enthousiasme, l'exaltation, la joie, aussi... C'était compter sans la Castille. La Castille, nous étions dedans depuis Burgos, c'est-à-dire depuis trois jours et nous n'avions même pas atteint le milieu de cet espace inconcevable d'immensité, de platitude, de solitude extrême, où le regard se perd dans le néant comme la rivière dans le sable du désert. Rien à voir, rien à dire, rien à sentir ; tout à ressentir. Là, le regard, la parole, les sens, se tournent vers l'intérieur, cœur, esprit et âme, entre lesquels s'engage un dialogue d'extrême vérité. Le cœur bat la mesure du vide qu'il reconduit inlassablement comme une frise infinie ; l'esprit, voyant tout désir s'amenuiser inexorablement, renonce et se tait ; et l'âme reste en suspens dans une économie minimale où le sentiment d'exister suffit. Oserais-je avouer que contre toute idée reçue, j'ai adoré cette redoutable traversée ? La pluie, le mauvais temps, qui étaient notre lot quotidien, ne changeaient rien à l'affaire et je sais que la canicule du mois d'août ou les jours glacés de décembre n'y auraient rien fait non plus. » ∎

(Léo Gantelet, *En si bon chemin... vers Compostelle*, Éditions de L'Astronome, 2009, p. 225.)

Bernard Ollivier
(journaliste, écrivain)

— *Vous souvenez-vous de vos premiers pas dans le désert de la Meseta espagnole ?*

— Oui, c'était en juin 1998. Dès les premiers rayons du soleil, la chaleur écrasait cette platitude totale. Pas un arbre. Pas un souffle d'air. Aucun oiseau dans le ciel. Où qu'on se tourne, des épis figés, comme cuits debout par l'astre qui darde. Et devant, rien sinon une piste blanche et rectiligne et un espace horizontal parfait avec, tout là-bas, au bout du regard, sur cet espace lisse, une tache noire indistincte qui seule arrêtait le regard. Très vite, mes jambes ont pris le rythme, les bienveillantes endorphines ont fait en sorte d'alléger le poids du sac et je suis entré dans l'immensité rase. Si je devais ne garder qu'une seule image de mon cheminement vers Compostelle, ce serait celui de cette *meseta*, cette « petite table » (c'est son nom en espagnol) sur laquelle j'ai dégusté mon premier festin de randonneur.

— *Quels effets le désert produit-il ?*

— Le dieu de la marche, pour rendre au randonneur la libre disposition de son esprit, a inventé la Meseta et le désert ! D'un trait rectiligne et définitif, il a aboli les frontières de l'œil et de la pensée. La Meseta fut

Chapitre 13 La traversée du désert

ma première émotion d'espace absolu. Plus tard, quatre déserts traversés entre Istanbul l'Européenne et Xi'an la Chinoise m'ont offert d'autres aperçus sur l'éternité, rendant d'un coup perceptible le vacarme dérisoire de nos cités fourmillantes et ouvrant d'autres visions sur l'infini.

— *Qu'est-ce que cet « absolu » vous a appris sur vous ?*

— Dans le désert et dans la solitude bienfaisante, on n'a d'autre choix que de se rencontrer, de marcher vers soi, d'élever l'esprit, le corps en apesanteur. Comment, dans ces univers d'où toute vie est absente, ne pas penser à la mort qui vient ? À l'entrée de la Meseta, une porte s'est ouverte sur ma vie. Non pas la première, celle de l'adolescence et de la découverte du monde, non pas la seconde, où je me suis pris à croire que j'étais indestructible, mais la troisième vie : celle qui conduit à la mort.

— *Ce fut un tournant ?*

— Oui, car je ne savais pas encore qu'au bout de cet espace, j'allais franchir une étape, qu'allait commencer pour moi une nouvelle vie qui me conduirait sur la route de la soie. Et, porté ce jour-là par une tranquille exaltation, j'aurais presque pu croire, moi l'agnostique, que la Meseta me mènerait tout droit jusqu'à la table des dieux... ■

Osée (2, 16). Je vais la séduire, je la conduirai au désert et je lui parlerai au cœur.

Deutéronome (29, 1-5). Moïse convoqua tout Israël, et il leur dit : « Vous avez vu vous-mêmes tout ce que le Seigneur a fait sous vos yeux, dans le pays d'Égypte : les grandes épreuves que vous avez vues de vos yeux, ces signes et ces prodiges. Pourtant, jusqu'à aujourd'hui, le Seigneur ne vous avait pas donné un cœur pour reconnaître, ni des yeux pour voir, ni des oreilles pour entendre. Je vous ai fait marcher quarante ans au désert : vos manteaux ne se sont pas usés sur vous, et vos sandales ne se sont pas usées à vos pieds. Ce n'est pas du pain que vous avez mangé, ce n'est pas du vin ni des boissons fermentées que vous avez bus : il fallait que vous reconnaissiez que c'est moi le Seigneur votre Dieu. »

Qui n'a pas traversé des déserts professionnels, affectifs ou spirituels ? Ces épreuves m'ont-elles aigri et ont-elles desséché mon cœur ? Ou bien m'ont-elles dépouillé de ma superbe, des apparences trompeuses pour accéder à l'essentiel, à mon être véritable ? Qu'est-ce que je choisis au désert : l'amertume, la colère, ou le détachement de l'accessoire et la recherche de ce qui est juste et bon ?

Chapitre 13 La traversée du désert

Saint Antoine le Grand (IVᵉ siècle). Les Pères du désert ou *abbas*, moines de l'Antiquité, vivaient dans le désert d'Égypte en communauté ou comme ermites. Une nuit, alors qu'abba Antoine veillait, il se vit entouré d'un si grand nombre de bêtes féroces qu'il y avait sujet de croire qu'il n'en restait plus une seule dans le désert. Abba Antoine leur dit : « Si Dieu vous a donné pouvoir de me nuire, je suis tout prêt à être dévoré par vous ; mais si ce sont les démons qui vous envoient ici, ne demeurez pas davantage et retirez-vous, car je suis serviteur de Jésus-Christ. » À peine eut-il prononcé ces mots qu'elles s'enfuirent comme si des fouets les avaient chassées. ■

« Cette nudité de l'horizon vous délivre enfin des visions intérieures, pour les susciter sur l'écran du ciel et du sable. On s'explique aisément que le désert ait été si souvent le lieu des tentations et des miracles, le laboratoire de nos anges et de nos démons, la matrice de nos fantasmes puisque cet espace immaculé nous livre tout entiers à nous-mêmes, nous dénude par son dénuement même et ne tolère aucun voile, ni aucun mensonge : il est clair absolu, transparence du temps. » ■

JACQUES LACARRIÈRE

Le chemin des hommes

« Le désert ne cesse de parler à qui sait l'entendre. » ■

NADIA TADZI

« Dieu a créé un pays plein d'eau pour que les hommes puissent vivre et un pays sans eau pour que les hommes aient soif; et il a créé un désert : un pays avec et sans eau pour que les hommes trouvent leur âme. » ■

PROVERBE TOUAREG

« J'ai fini par comprendre que le silence qui enveloppe l'épreuve et qui est si lourd, parfois, est le signe de Dieu. La solitude du cœur, le désert sont toujours la marque qu'Il veut que nous Le regardions Lui seul. » ■

GENEVIÈVE DE GAULLE-ANTHONIOZ

« Nous sommes au point précis où il nous faut choisir entre la révolte et l'obéissance. Ainsi le désert est un carrefour sacré d'où l'on sort condamné ou sauvé. » ■

ERNEST PSICHARI

« Toi aussi tu connaîtras la déroute, la faim, la soif intérieure, Dieu te dépouillera, brisera en toi toute certitude humaine pour que tu saches que lui seul te tient lieu de toutes choses ici-bas. » ■

THOMAS MERTON

Une chapelle dans le désert

En 1094, à la cour de Castille, le jeune Jean fait une rencontre qui va marquer sa vie : Dominique de la Chaussée se trouve à Burgos pour parler au roi. Jean apprend que le vieil homme a consacré sa vie aux pèlerins de Compostelle. Il le rejoint et passe quinze ans avec lui, jusqu'à la mort du saint en 1109. Au retour d'un pèlerinage en Terre sainte, menacé par une tempête, il promet de construire une chapelle dédiée à saint Nicolas de Bari ; la mer se calme aussitôt. Il décide alors de suivre l'exemple de Dominique de la Chaussée et, en 1113, s'installe comme ermite dans le site désertique des Montes de Oca, en Castille. Il choisit de s'établir à Ortega (dont le nom évoque les orties et les ronces qui prolifèrent en cet endroit), lieu particulièrement isolé et dangereux. Il commence par construire une chapelle, mais les brigands viennent détruire chaque nuit les travaux accomplis durant la journée. Enfin, la chapelle dédiée à saint Nicolas est achevée. Jean des Orties (Juan de Ortega) s'occupe alors d'améliorer la route entre Santo Domingo de la Calzada et Burgos, puis il bâtit un hôpital et fonde une petite communauté religieuse au service des pèlerins. C'est dans ce monastère qu'il vient achever, à 83 ans, sa vie de solitude et de pénitence. ■

Chapitre 14

L'hospitalité

*« Pour comprendre l'autre,
il ne faut pas se l'annexer
mais devenir son hôte. »*

LOUIS MASSIGNON

L'hospitalité

Dans la province de Saragosse, en Espagne, on a retrouvé des tessères d'hospitalité en bronze où figurait, en alphabet celtibère, le nom de leur propriétaire. Dans l'Antiquité, grâce à ces objets composés de deux marques taillés dans une pièce unique, ceux qui avaient contracté ensemble l'engagement d'hospitalité se reconnaissaient. Cet équivalent de la « lettre de créance[1] » matérialisait ainsi le lien qui unissait le propriétaire sédentaire et l'étranger de passage. Car l'hospitalité était jadis, comme l'affirme Platon, « un devoir sacré » — et même « le plus sacré de tous[2] ».

Il existe une belle continuité symbolique entre cette tessère et le document que le jacquet présentait, au Moyen Âge, pour se faire héberger pendant son pèlerinage. Le voyageur recevait alors le gîte et la « passade », une ration de pain, de beurre et de vin qu'il pouvait emporter s'il ne souhaitait pas s'arrêter. L'hospitalité faisait partie des sept œuvres de miséricorde que tout chrétien devait exercer pour mériter son salut. Elle était donc pratiquée avec assiduité par les ordres religieux

---

1. C'est ainsi que *L'Encyclopédie* de Diderot et d'Alembert nomme la tessère d'hospitalité.
2. *Les Lois*, livre V.

Chapitre 14 **L'hospitalité**

Un moine accueillant des pèlerins. Bas-relief du mausolée de l'église de San Juan de Ortega (Castilla y León), XIVe siècle.

et les ordres hospitaliers mais également par les donats, laïcs en partie dédiés à l'accueil des pèlerins.

Le paysage jacquaire témoigne de la vivacité de cette tradition hospitalière sur les routes de pèlerinage. Les grandes étapes du Chemin se confondent en effet souvent avec les hauts lieux de l'hospitalité : Aubrac, par exemple, où fut fondé l'hospice Notre-Dame-des-Pauvres, Saint-Antoine-l'Abbaye, dévolu à l'ordre hospitalier des Antonins, ou encore Roncevaux, surnommé « l'hôpital aux 30 000 repas ». Sans oublier, bien sûr, les nombreux hôtels-Dieu situés à l'ombre des cathédrales, les hôpitaux placés sous le patronage de l'Apôtre et, en Espagne, les

L'hospitalité

hospices transformés en *paradores*[1], comme le couvent San Marcos à León et l'hôtel des Rois catholiques à Santiago.

Qu'en est-il aujourd'hui ? Les observateurs s'accordent à dire que le phénomène le plus étonnant, dans la renaissance du Chemin de Saint-Jacques, n'est pas sa fréquentation mais la redécouverte du sens primitif de l'hospitalité. En marge du système économique classique se développe un réseau d'accueil *donativo**, où chacun donne selon ses possibilités. Ce procédé interroge. Ne démontre-t-il pas que l'échange se situe *ailleurs* ? « Accueillir quelqu'un élargit le cœur des deux », est-il inscrit en langue bretonne dans l'Ospital Bodélio de Ronan Pérennou. Dans ce lieu, un autre geste interpelle : sur le seuil de l'oratoire, l'hospitalier pratique toujours le lavement des pieds. De l'accueillant et de l'accueilli, qui est celui qui donne, et celui qui reçoit ? Les rôles semblent ici inversés.

En réalité, les deux acteurs de l'hospitalité partagent le même rituel. La langue française d'ailleurs les confond, qui possède un seul mot pour les désigner : l'hôte. L'un offre l'aide matérielle et l'autre, parce qu'il est pèlerin, apporte le réconfort spirituel. « Qui vous reçoit me reçoit, et celui qui me reçoit reçoit Celui qui m'a envoyé[2]. » Si l'hospitalité est un devoir, c'est donc aussi un privilège. Et une grâce infinie. ■

---

1. Hôtels de luxe.
2. Évangile selon saint Matthieu 10, 40.

Chapitre 14 L'hospitalité

« L'accueil qui nous est fait, différent chaque soir, ne peut laisser indifférents les vagabonds que nous sommes. La solitude est telle sur cette partie du chemin, que pouvoir tisser quelques liens, même éphémères, est un grand bonheur pour l'errant.

À Montesquiou, chez nos hôtes d'un soir, l'accueil est chaleureux et dans la grande tradition de l'hospitalité du Moyen Âge. Nous sommes reçus en amis et invités à partager dans la grande cuisine un dîner délicieux. Nous parlons familièrement de nous, du sens donné à notre vie, de Compostelle. Ils nous font part de leurs soucis et des intentions que, pour eux, nous devrons porter au tombeau de l'Apôtre. [...]

10 juin. Fabuleuse hospitalité offerte sans contrepartie par les d'A. Pourquoi agissent-ils ainsi ? Est-ce pour renouer avec la tradition de l'accueil médiéval, bénéficiant au voyageur, à l'étranger ? Que de délicatesses à notre égard ! La chambre qui nous est réservée est parée de mille prévenances.

Bienheureux ceux qui savent ouvrir leur porte à ceux qui passent et plus encore ceux qui, aussi, ouvrent leur cœur. » ■

(José et Michèle Laplane, *Itinéraire spirituel pour Compostelle*, La Table Ronde, 2001, p. 69-70.)

Père Sébastien Ihidoy
(prêtre à Cambo-les-Bains,
en Pyrénées-Atlantiques)

 — *Entre 1981 et 2001, vous avez accueilli des milliers de pèlerins dans votre presbytère de Navarrenx. Quelle est votre définition de l'hospitalité ?*

— L'hospitalité est un échange : j'ai un peu donné et j'ai énormément reçu. Le plus marquant avec les pèlerins, c'est qu'ils sont plus libres que quiconque. Ils ont mis de côté leur vie sociale, professionnelle. Sur le chemin, ils retrouvent leur capacité de penser par eux-mêmes et leur être profond. Ils sont dans de telles dispositions qu'en quelques minutes, ils peuvent vous confier les questions les plus extraordinaires et les plus fortes.

— *Quelles questions ?*

— Je revois cette jeune femme. Nous étions devant la cuisinière en train de préparer le repas. Elle tourne son visage vers moi et me dit : « Monsieur le curé, je ne peux avoir d'enfant. » Je lui demande : « Est-ce que tu aimes ? Alors tu vis déjà ta maternité... » Pendant ces trois minutes de discussion, nous étions l'un avec l'autre, dans la profondeur et la vérité de nos êtres. Je repense aussi à cette autre femme, qui était sous-directrice d'une grande société. Un matin, elle quitte le presbytère, fait dix mètres puis se retourne vers moi et me dit : « Comment faites-vous pour prier ? » Pour elle, à ce moment-là de sa vie, c'était la question essentielle.

Chapitre 14 **L'hospitalité**

— *Que vous ont apporté ces rencontres, en tant qu'homme et en tant que prêtre ?*

— Je ne sépare pas les deux : plus on est humain, plus on est spirituel, et plus on est spirituel, plus on est humain ! J'ai beaucoup appris des pèlerins. Dans ces rencontres, j'ai contemplé le mystère que porte chaque être humain dans son unicité. Je suis passionné par le mystère unique de chacun.

— *Qu'est-ce qui vous a le plus touché ?*

— J'ai senti chez les personnes que j'ai accueillies un immense besoin de trouver des repères et un sens à leur vie, de parler de leurs blessures. J'ai aussi ressenti plus que jamais le besoin du prêtre. Les psychologues ont leur place (il m'est arrivé d'inviter les pèlerins à y recourir) mais il y a dans notre sacerdoce une dimension unique : celle d'accueillir un être humain tel qu'il est, et de lui donner une lumière qui dépasse ce que nous pouvons apporter à titre personnel. Cela va parfois jusqu'à offrir la miséricorde de Dieu qui permet de se relever, de retrouver son originalité propre et la paix intérieure, pour repartir dans la vie. Ceux et celles que j'ai rencontrés ne me quittent plus. À chaque action de grâces de la messe quotidienne, je prie pour eux. Comme je le leur ai promis. ∎

Le chemin de la Bible

Évangile selon saint Luc (10, 19-37). Un légiste dit à Jésus : « Qui est mon prochain ? » Jésus reprit : « Un homme descendait de Jérusalem à Jéricho, il tomba sur des bandits qui, l'ayant dépouillé et roué de coups, s'en allèrent, le laissant à moitié mort. Il se trouva qu'un prêtre descendait par ce chemin ; il vit l'homme et passa à bonne distance. [...] Mais un Samaritain qui était en voyage arriva près de l'homme : il le vit et fut pris de pitié. Il s'approcha, banda ses plaies en y versant de l'huile et du vin, le chargea sur sa propre monture, le conduisit à une auberge et prit soin de lui. [...] Lequel des trois, à ton avis, s'est montré le prochain de l'homme qui était tombé sur les bandits ? » Le légiste répondit : « Celui qui a fait preuve de bonté envers lui. » Jésus lui dit : « Va et, toi aussi, fais de même. »

Qui donc est mon prochain ? Celui qui me rencontre et dont je m'approche ? Moi-même, ne suis-je pas le prochain de celui que je rencontre ? Quelle est la vraie rencontre ? Quelle place lui laissé-je dans ma vie ? Que puis-je changer pour cela ?

Chapitre 14 **L'hospitalité**

 Saint Julien l'Hospitalier (dates inconnues). Selon la légende, Julien aurait accidentellement tué son père et sa mère, venus lui rendre visite. Pour expier son crime, il s'installe au bord d'un fleuve avec sa femme. Ils logent dans une cabane et construisent un hospice pour les pèlerins qu'ils accueillent pendant trente ans. Julien fait passer le fleuve gratuitement à ceux qui veulent le traverser. Une nuit, un lépreux lui demande de le transporter. Julien accepte joyeusement. Le lépreux apparaît alors sous l'aspect d'un ange et lui dit : « C'est le Seigneur qui m'envoie. Ton péché est pardonné depuis longtemps, sois en paix. » Quelques jours plus tard, Julien meurt, le cœur rempli de joie. ■

« N'oubliez pas l'hospitalité, car c'est grâce à elle que certains, sans le savoir, ont hébergé des anges. » ■

SAINT PAUL, ÉPÎTRE AUX HÉBREUX 13, 2

« À chaque instant la porte peut s'ouvrir sur ton destin, et par les yeux de n'importe quel mendiant, il peut se faire que le ciel te regarde. L'instant où tu t'es détourné, lassé, aurait pu être celui de ton salut. Tu ne sais *jamais*. Chaque geste peut déplacer une étoile. » ■

CHRISTIANE SINGER

Le chemin des hommes

« On peut dire que la civilisation a franchi un pas décisif, et peut-être son pas décisif, le jour où l'étranger, d'ennemi, est devenu hôte, c'est-à-dire le jour où la communauté humaine a été créée. Jusque-là, il y a des espèces humaines comme des espèces animales en guerre les unes contre les autres dans la forêt primitive ; mais le jour où, dans l'étranger, on reconnaît l'hôte et où l'étranger se trouve revêtu par là d'une dignité singulière, au lieu d'être voué à l'exécration, ce jour-là, on peut dire qu'il y a eu quelque chose de changé dans le monde. » ■

JEAN DANIÉLOU

« Hospitalité et humanité sont deux mots frères [...]. L'hospitalité serait-elle le sommet de l'humanité, la meilleure manière de se montrer homme ? » ■

FRÈRE DENIS HUBERT

« Ce dont le monde a le plus besoin aujourd'hui c'est de l'hospitalité du cœur. Mais celle qui est nécessaire va plus loin. L'hospitalité du cœur signifie qu'on accueille les autres, tous, comme ils sont, et qu'on les laisse s'installer comme chez eux dans notre cœur. » ■

CATHERINE DE HUECK DOHERTY

« Venez les bénis de mon père [...] car j'ai eu faim et vous m'avez donné à manger, j'ai eu soif et vous m'avez donné à boire, j'étais un étranger et vous m'avez accueilli. » ■

ÉVANGILE SELON SAINT MATTHIEU 25, 34-40

La promesse d'Adalard

Dans l'épaisse forêt qui couvre le plateau de l'Aubrac s'avance une caravane de riches seigneurs qui se rendent en pèlerinage à Saint-Jacques-de-Compostelle. À leur tête chevauche Adalard, vicomte des Flandres. Il songe aux pèlerins qui sont morts de froid et d'épuisement dans ces lieux désolés hantés par les loups, les sangliers et les brigands. Soudain, une attaque de bandits prend le cortège par surprise. Les assaillants, plus nombreux, ont rapidement le dessus. Adalard fait alors la promesse à Dieu, s'il survit ainsi que ses compagnons, « de fonder dans ce désert un hôpital pour les voyageurs et de chasser les brigands de la montagne ». Les chevaliers sont vainqueurs. Au retour, le convoi est pris dans une terrible tempête de neige. Adalard décide alors d'honorer sa promesse : en 1120, il fait construire un monastère et un hôpital qui deviennent un refuge pour les pèlerins. Ceux-ci sont soignés, lavés, nourris, logés ; les plus démunis repartent même avec un petit pécule. Quand le brouillard ou la neige s'abattent sur la contrée, un moine sonne sans relâche la cloche de l'église, nommée Maria ou « cloche des perdus », pour guider les voyageurs égarés. Adalard fait également défricher et cultiver la forêt. Il se consacre à cette œuvre jusqu'à sa mort en 1134. ■

À lire sous les étoiles

Chapitre 15

La marche à l'étoile

*« Mille et mille et mille étoiles
font de Saint-Jacques
le chemin. »*

(TRAGÉDIE JACOBÉENNE, XVIᵉ SIÈCLE)

S'il est un repère universel pour le voyageur, c'est bien celui de l'étoile. Elle guide le nomade dans le désert ou dans la steppe, permet au navigateur de définir sa position, facilite la migration des oiseaux. Certains astres rythment également nos saisons et nos étapes quotidiennes : l'étoile du matin, accompagnant l'aube, et celle qui apparaît le soir, à l'horizon de nos journées.

Ces luminaires de la nuit constellent de même l'histoire du Chemin de Saint-Jacques. Selon certains textes, la barque de l'Apôtre, dépourvue de gouvernail, aurait été guidée par une étoile qui était apparue dans le ciel. C'est aussi grâce à un astre mystérieux – tel celui qui conduisit les Rois mages à Bethléem – que l'ermite Pélage aurait découvert le lieu de la sépulture apostolique, appelé depuis lors *«campus stellae»* ou «champ de l'étoile»[1]. C'est encore un sillon lumineux dans le ciel que saint Jacques désigna en songe à Charlemagne, lui intimant l'ordre de le suivre pour aller délivrer son sépulcre des mains des Sarrasins.

Or, dans de nombreuses civilisations, la Voie lactée n'est autre que le chemin des âmes. N'est-

---

1. Selon une étymologie poétique, le nom «Compostelle» dériverait de cette expression ; mais il est à présent communément admis que ce terme viendrait plutôt du terme *compostum* ou «cimetière».

Chapitre 15 La marche à l'étoile

Le songe de Charlemagne dans les Grandes Chroniques de Saint-Denis. *Miniature, Bibliothèque municipale de Toulouse, ms 512, XVᵉ siècle.*

elle pas une traînée de lait coulant du sein de la déesse Junon, breuvage salutaire destiné aux humains assoiffés d'éternité ? Ceux qui lisent dans les astres du firmament croiseront, sur les rives de ce grand fleuve céleste, le géant Orion. Reconnaissable aux trois étoiles de son baudrier, surnommées « les mages » ou « le bourdon », il fléchit sa jambe droite pour traverser le flot sacré. Mais il ne s'engagera pas seul dans cette aventure : il aura, auparavant, chargé sur son dos quelque candidat au voyage. Car il est, sur cette voie d'immortalité, le grand Passeur des âmes[1].

---

1. Sur ce sujet, voir notamment les travaux du mythologue René-André Lombard.

La Voie lactée est logiquement devenue le symbole du Chemin de Compostelle. *« Hent Sant Jakez »* en breton, *« camin de San-Jaque »* en occitan, *« via de Sa' Jacopo »* chez Dante, elle indique aux pèlerins la route à suivre jusqu'à la lointaine Galice. D'ailleurs, il semblerait que plusieurs étoiles de cette nébuleuse, tombées à terre, balisent cette piste... Un chercheur a en effet montré que, de la Catalogne française aux rivages de Galice, une dizaine de toponymes se rattachent à ce registre sémantique : par exemple, la célèbre ville d'Estella, mais aussi le pic d'Estelle, le Puig de tres Estelles, ou le nom basque Lizzara[1].

Dans la nuit de sa quête, le voyageur est donc guidé, au ciel et sur la Terre. Lorsque l'étape se fait longue et que le découragement obscurcit ses pensées, une flamme surgit des profondeurs de son âme. Cette lumière est promesse de renaissance ; elle est l'espérance qui jaillit dans la nuit – toujours unique et différente. « Je me demande, dit le Petit Prince, si les étoiles sont éclairées afin que chacun puisse un jour retrouver la sienne[2]. » Peut-être est-ce justement le défi de ce voyage : à chaque pèlerin d'y découvrir sa « bonne étoile », celle qui s'est allumée tout spécialement pour lui, et qui brille afin d'éclairer son Chemin. ∎

---

1. Voir Louis Charpentier, *Les Jacques et le mystère de Compostelle*, Robert Laffont, 1971, p. 23-36.
2. Antoine de Saint-Exupéry, *Le Petit Prince*, Folio Junior, 1979, p. 60.

Chapitre 15 La marche à l'étoile

« Regain d'énergie ou feu de paille ? Il faut mener notre tâche à terme. Ô frères jacquots, votre courage est contagieux ! Oui, *ultreia ! ultreia !* Écho de votre foi. Aller outre le doute, outre le découragement, ne pas regarder en arrière. En lisant certains textes que vous m'avez laissés – viatique pour celui qui reste, doublure potentielle –, je retrouve ce qu'instinctivement j'énonçais au début de ces lettres, à savoir les mystères irisés de l'errance, la richesse du dépouillement – autant au niveau du *ruck* allégé que de l'oubli des pesanteurs sociales, des momifiantes habitudes. Le cadran de la boussole vous est plus utile que le cadran de la montre. Marcher vers le Couchant, vers le "Finistère", vers l'extrémité de soi-même. *Ultreia, ultreia*, chante l'alouette, bourdonnent les guêpes ! Et ce trésor à chercher, nulle part ailleurs qu'en votre intérieur enfoui, cette quête de l'essentiel loin du tumulte médiatique, des boueuses rumeurs du monde. [...] J'ai déjà dit cette joie franciscaine qui vous anime, j'ai déjà évoqué le chemin qui est but... Tout cela me revient, ce matin, en tombant sur ce passage qui me semble être la devise des jacquaires par excellence : "Tu ne me chercherais pas si tu ne m'avais déjà trouvé." C'est en ce sens que vous méritez le beau nom d'"espérants" ! » ■

(Lettre d'Albert Strickler à Gilbert Mosser, *Mon cœur est une étoile*, auto-édition, 1991, p. 27.)

Le chemin d'un témoin

Léonnard Leroux
(photographe)

 — *En quelles occasions vous êtes-vous senti particulièrement guidé ?*

— Il en faudrait, des pages, pour retranscrire ces petits miracles du quotidien, ces instants où une vérité nous atteint « comme une étoile au fond d'un trou », dit le poète ! Il m'est arrivé de vivre des heures avec un visage qui m'a souri, des jours avec une phrase qui m'a nourri, des années avec des silences qui résonnent encore en moi et me guideront jusqu'à la fin. La question, me semble-t-il, n'est pas tant de se sentir guidé ou non, mais plutôt d'apprendre à se laisser guider. C'est tout le labeur du pèlerin. La grâce est toujours là, suspendue au-dessus de lui, prête à tomber comme un fruit mûr, et il ne tient qu'à lui de l'accueillir, dans sa main mendiante, perpétuellement ouverte.

— *Sur le chemin de Compostelle, on dispose de guides, de fléchages... Au fond, n'est-on pas trop guidé ?*

— Je vois sur le *Camino* de plus en plus de marcheurs, le nez dans leurs guides, le regard bas. Élevons notre regard ! Voyons loin... jusqu'à l'étoile ! Il faut savoir se fier à son intuition, s'enquérir de sa route auprès des autochtones, frapper aux portes, entrer dans le café du village, demander aux calvaires son chemin, aux nuages le sens du vent, aux rivières

Chapitre 15 La marche à l'étoile

la pente du terrain, aux astres sa destination... Le pèlerinage n'est pas seulement affaire de marche mais c'est une démarche qui implique, aussi, de se perdre.

— *Qu'est-ce que ces « petits miracles du quotidien » ont changé en vous ?*

— Avant, j'existais, maintenant, je vis ! Je vis sur le départ, je vis chaque jour comme le premier et le dernier ! Enfin, j'essaie... Je ne fais pas non plus de distinction entre mes voyages et mon quotidien. Chaque pèlerinage est une vie, et chaque vie un pèlerinage. Marcher vers Compostelle : un pèlerinage. Me lever demain matin et contempler l'aube : encore un pèlerinage. Aimer ma compagne et élever mon fils : un autre pèlerinage ! Photographier ou travailler mon potager : toujours un pèlerinage !

— *Cette expérience a donc transformé votre manière de vivre au quotidien...*

— Oui. Désormais, je raisonne en nomade qui n'emporte avec lui que l'essentiel. Un jour, on avait demandé à Jean Cocteau : « Si votre maison brûlait, qu'emporteriez-vous ? » Il avait répondu : « Le feu ! » Quand on me propose de décliner mon identité, je n'ai d'autre réponse que celle-là : je suis pèlerin, rien de plus, en tout lieu un étranger, partout chez lui. ∎

Le chemin de la Bible

Évangile selon saint Matthieu (2, 1-12).
Jésus étant né à Bethléem de Judée, voici que des mages venus d'Orient arrivèrent à Jérusalem. [...] Alors Hérode fit appeler secrètement les mages [...] et les envoya à Bethléem en disant : « Allez vous renseigner avec précision sur l'enfant ; et, quand vous l'aurez trouvé, avertissez-moi pour que, moi aussi, j'aille lui rendre hommage. » Sur ces paroles du roi, ils se mirent en route. Et voici que l'astre, qu'ils avaient vu à l'Orient, avançait devant eux jusqu'à ce qu'il vint s'arrêter au-dessus de l'endroit où était l'enfant. À la vue de l'astre, ils éprouvèrent une très grande joie. Entrant dans la maison, ils virent l'enfant avec Marie, sa mère et, se prosternant, ils lui rendirent hommage. Ouvrant leurs coffrets, ils lui offrirent en présent de l'or, de l'encens et de la myrrhe. Puis, divinement avertis en songe de ne pas retourner auprès d'Hérode, ils se retirèrent dans leur pays par un autre chemin.

La découverte personnelle qui me guide, semblable à une étoile, n'est-elle pas comme une illumination intérieure, difficile à partager, provoquant même des résistances ? Cela m'empêche-t-il de persévérer ? Quel est mon choix personnel ?

Chapitre 15 La marche à l'étoile

Sainte Thérèse de Lisieux (1873-1897). Avant de devenir carmélite à 15 ans, Thérèse, orpheline de mère, faisait souvent de longues promenades dans la campagne normande avec son père. Un dimanche soir, en revenant de chez son oncle, marchant à côté de son père Louis Martin, elle regarde les étoiles qui scintillent et se réjouit de ce spectacle. Soudain, elle remarque un groupe d'étoiles qui ont la forme d'un «T» penché. «Regarde, Papa, s'écrie-t-elle, mon nom est écrit dans le ciel!» Par jeu, elle lui demande alors de la conduire tandis qu'elle met sa «petite tête bien en l'air», ne se lassant pas de contempler la voûte étoilée. ∎

« Dans cette nuit ténébreuse j'ai perdu le chemin de la quête
Apparais donc, ô étoile qui nous guides.
Où que j'aille, mon angoisse ne fait que croître. » ∎

SHABESTARI

«On ne peut marcher en regardant les étoiles quand on a une pierre dans son soulier.» ∎

PROVERBE CHINOIS

Le chemin des hommes

« Personne n'exige de moi que je réussisse, mais seulement que je franchisse un pas en direction de la lumière. » ■

CHRISTIANE SINGER

« Il est grand temps de rallumer les étoiles. » ■

GUILLAUME APOLLINAIRE

« Si tu veux connaître le secret du chemin, ne prends pour tout bagage qu'une besace d'étoiles. » ■

JACQUES LACARRIÈRE

« Il y a des larmes d'amour qui dureront plus longtemps que les étoiles du ciel, des regards de prière, des regards de tendresse perdus de charité, qui brilleront éternellement dans les nuits. » ■

CHARLES PÉGUY

« Lorsque devant la mer, le désert ou une lourde nuit d'étoiles, on se sent le cœur tout gonflé d'amour inachevé, il est doux de penser que nous trouverons dans l'au-delà quelque chose de plus beau, de plus vaste, quelque chose à l'échelle de notre âme et qui comblera cet immense désir de bonheur, qui est notre souffrance et notre grandeur d'homme. » ■

GUY DE LARIGAUDIE

Une voie semée d'étoiles

L'empereur Charlemagne (742 ou 748-814), qui avait mené de nombreuses guerres et conquis bien des royaumes en Europe, décida de s'accorder une trêve. Il vit alors à plusieurs reprises «dans le ciel une sorte de chemin formé d'étoiles qui commençait à la mer de Frise et, se dirigeant entre la Germanie et l'Italie, entre la Gaule et l'Aquitaine, passait tout droit jusqu'en Galice, où reposait alors incognito le corps de saint Jacques». Cette vision le tourmentait, il ne savait comment l'interpréter. Mais un homme d'une beauté merveilleuse lui apparut et lui adressa ces paroles : «Je suis l'apôtre Jacques, le disciple du Christ, le fils de Zébédée, celui que le roi Hérode fit périr par le glaive et dont le corps repose inconnu dans la Galice opprimée par les Sarrasins. Et je m'étonne fort que tu n'aies pas encore délivré ma terre. Le Seigneur t'a choisi entre tous pour préparer mon chemin. Le chemin d'étoiles que tu as vu dans le ciel signifie que tu iras d'ici en Galice, avec de grandes armées, délivrer mon chemin et ma terre, et visiter mon église et ma sépulture. Après toi, tous les peuples y viendront en pèlerinage, implorant du Seigneur le pardon de leurs péchés et proclamant les louanges de Dieu.» Charlemagne rassembla son armée et partit. ■

À lire sous les étoiles

Chapitre 16

L'Apôtre aux côtés du pèlerin

« Heureuses les personnes

dont Tu es la force :

des chemins s'ouvrent

dans leur cœur ! »

PSAUME 84, 6

L'Apôtre aux côtés du pèlerim

Elles sont multiples et variées, les représentations de l'Apôtre qui jalonnent le Chemin. En pierre ou en bois, sur le portail des cathédrales comme dans les plus modestes oratoires, elles accompagnent le jacquet dans sa marche et balisent sa route. L'une d'entre elles, cependant, peut surprendre. C'est celle de saint Jacques Matamore (ou « tueur de Maures ») qui, juché sur un cheval blanc, s'affiche en champion de la *Reconquista* contre l'envahisseur musulman. En face de cette scène guerrière, rare hors d'Espagne, il y a les effigies, bien plus nombreuses, de l'Apôtre pacifique, venu de son lointain Orient pour évangéliser cette terre d'Occident. Jacques le Majeur porte alors un phylactère ou le Livre qui consigne la Bonne Nouvelle. Parfois, également, c'est en martyr qu'il se tient aux côtés des autres apôtres, avec l'outil de son supplice.

Il arrive aussi que saint Jacques délaisse sa monture, son Livre et son épée pour revêtir les attributs du pèlerin. Arborant la coquille et la panetière, appuyé sur son bourdon, il emboîte le pas à ceux qui sont venus l'honorer « Rien ne pouvait plus intimement sacraliser la route que cette omniprésence, et quelle extraordinaire puissance d'imprégnation psychique ! », s'exclame l'historien visionnaire Alphonse

Chapitre 16 L'Apôtre aux côtés du pèlerin

Le Christ, sous les traits d'un pèlerin de Saint-Jacques, apparaissant aux disciples d'Emmaüs. Bas-relief roman du cloître de l'abbaye Santo Domingo de Silos (Castilla y León).

Dupront[1]. « Le pèlerinage [devient] comme une marche avec son double, poursuit-il, avec, au terme, l'union retrouvée, une plénitude d'accomplissement de soi. »

La littérature jacobéenne est riche d'histoires relatant l'intervention miraculeuse de l'Apôtre

---

1. Alphonse Dupront (dir.), *Saint-Jacques-de-Compostelle. Puissances du pèlerinage*, op. cit., p. 216.

auprès de ses pèlerins en difficulté ; dans l'iconographie, la main de ce glorieux sauveur, assimilée à la coquille, symbolise la Providence. À travers les récits contemporains, cet accompagnement se manifeste différemment. Il faut le deviner entre les lignes. Le narrateur parle de signes, de messages, de synchronicité ; il évoque une présence invisible qui pourrait bien avoir guidé ses pas...

Car peut-on espérer, sur ce Chemin, meilleur guide que l'Apôtre qui s'est fait pèlerin ? Et il arrive, a posteriori, que le voyageur le reconnaisse. N'est-ce pas lui qui lui a montré la route alors qu'il s'était égaré, tendu un verre d'eau fraîche sous un soleil de plomb, ouvert sa porte quand les refuges étaient complets ? Saint Jacques prend peu à peu un visage... même si c'est pour en changer aussitôt.

Regarde à présent le ciel, ami pèlerin. Ne le reconnais-tu pas, enfin, dans cette constellation nommée Orion, dont les trois étoiles alignées dessinent le bourdon ? Ce guide secourable qui a accompagné tes pas est lui-même le grand Passeur, l'intercesseur des âmes en quête. Apôtre il fut, apôtre il demeure : sa mission est de conduire les hommes en marche vers Celui qui, étant la Vie, a ouvert la Voie. Sur un bas-relief du cloître de Silos, dans une ultime métamorphose, saint Jacques laisse sa place au Christ ressuscité qui, muni à son tour des attributs du jacquet, est venu à la rencontre des pèlerins sur la route d'Emmaüs ; ceux-ci ne Le reconnaîtront que le soir venu, à la fraction du pain. ∎

Chapitre 16 L'Apôtre aux côtés du pèlerin

« Un jour que j'avais projeté de loger dans un hameau où j'arrivai après avoir marché près de quarante kilomètres, je ne trouvai, en fait de hameau, que trois maisons fermées et apparemment inhabitées. [...]

J'étais vraiment au bout de mes forces, prêt à m'effondrer sur place ! Je rappelai à saint Jacques que je me trouvais là, exténué, et continuai ma route [...] en me traînant et, surtout, en me demandant comment je pourrais encore marcher pendant près de deux heures... Le soir venait.

Peu de temps après, le vent s'est levé, heureusement dans mon dos. Il soufflait de plus en plus fort... et encore plus fort : c'était moins dur de marcher. Puis ce fut une véritable tempête qui me faisait accélérer le pas ; par moments je dus courir, tant elle soufflait. [...] Je finis par apercevoir une ville au loin [...].

Lorsque je fus à quelques centaines de mètres, je remarquai des gens qui se promenaient doucement, dans la sérénité qu'ont les soirs d'été [...]. Mes pas me conduisirent à la porte d'une maison religieuse accueillant des vieillards.

Sur le moment, homme de peu de foi, je n'ai pas bien compris ce qui m'était arrivé. Aujourd'hui, je sais que ce soir-là, il n'y eut de tempête que pour moi, et que ce n'est pas le hasard qui m'a conduit dans ce couvent si hospitalier. » ∎

(Georges Berson, *Avec saint Jacques à Compostelle*, DDB, 2005, p. 140-141.)

Le chemin d'un témoin

Luc Adrian
(journaliste, écrivain)

— *Êtes-vous parti vers Compostelle attiré par la figure spirituelle de l'Apôtre?*
— Non. Compostelle aurait pu être consacré à saint Paul, sainte Rita, sainte Thérèse de Lisieux, peu m'importait. C'était le sens de la démarche et la symbolique de la destination qui m'attiraient : un tombeau au bout de la terre, promesse de résurrection et en même temps image de ma propre mort. Mais à force de croiser des statues de saint Jacques, avec son chapeau, son bourdon, sa coquille, j'ai fini par chercher qui il était...

— *Quelle relation avez-vous entretenue avec l'Apôtre durant votre pèlerinage?*
— Au début, aucune. Il m'était indifférent. Puis s'est installée, au fil de la marche, une sorte de compagnonnage amical : c'était mon aîné sur le chemin, il m'avait précédé comme marcheur sur les routes de Palestine. Comme il a un «ticket spécial» avec le Christ puisqu'il a assisté à sa Transfiguration, et comme il a été le premier apôtre martyr, je n'hésitais pas à lui confier mes petits problèmes pratiques, ceux qui obsèdent le pèlerin : le gîte, le boire, le couvert, la santé des pieds...

— *En Espagne, qu'avez-vous ressenti en découvrant la facette guerrière du visage de*

Chapitre 16 L'Apôtre aux côtés du pèlerin

saint Jacques, surnommé en Espagne matamoros («tueur de Maures»)?

— J'ai été un peu effrayé en apercevant, sur la façade de l'église Santiago el Real, à Logroño, une statue colossale de l'Apôtre en train de faire rouler des têtes de Sarrasins, grosses comme des pastèques! Même si je préfère le Santiago *peregrino* («pèlerin») au *matamoros*, j'ai médité sur le sens symbolique – et pacifique! – du combat. N'avais-je pas en moi-même des «envahisseurs» à chasser? Des comportements blessants, des passions qui dégradent, des ressentiments tenaces? Saint Jacques nous épaule dans ce combat intérieur. Et ses chemins peuvent aider à voir plus clair en nous. C'est pourquoi je recommande une bonne confession à l'arrivée : un nettoyage à fond!

— *Que vous reste-t-il, aujourd'hui, de votre compagnonnage avec saint Jacques?*

— Je le prie pour «bien mourir», pour qu'il m'assiste à l'heure de la mort car j'en ai peur. Jacques est comme une sorte de garde du corps. J'ai eu récemment deux accidents de moto dont l'un aurait pu être fatal. J'imagine très bien mon ange gardien et saint Jacques – le «*matamotos*»! – s'y mettre à deux pour me garder (un peu) intact... Jacques est aussi un «garde du cœur» qui m'accompagne dans les combats spirituels que je traverse, pour essayer de rester fidèle au Christ. Enfin, l'Apôtre a été décapité; aussi, je le prie afin que je ne me prenne jamais trop la tête! ■

Le chemin de la Bible

Tobie (12, 6-15). Bénissez Dieu et célébrez-le devant tous les vivants pour ce qu'il a fait pour vous ! Faites connaître à tous les hommes les actions de Dieu comme elles le méritent. Ne soyez pas lents à le célébrer. À présent, je vais vous apprendre toute la vérité, sans rien vous cacher. Je viens vous apprendre ceci : il est bon de cacher le secret du roi et de révéler avec éclat les œuvres de Dieu. Lorsque tu as prié, ainsi que Sara, c'est moi qui ai présenté le mémorial de votre prière en présence de la gloire du Seigneur, et de même lorsque tu enterrais les morts. [...] Je suis Raphaël, l'un des sept anges qui se tiennent devant la gloire du Seigneur et pénètrent en sa présence.

Sur le Chemin, est-ce que je ne me sens pas parfois accompagné d'une présence ? Pèlerin, est-ce que je ne marche pas sur un chemin parcouru par bien d'autres avant moi et que d'autres prendront après moi ? Pourtant, comme Tobie avec son ange gardien, je suis unique : ne suis-je pas protégé et guidé ? Quels sont les signes tangibles auxquels, dans le passé, je peux reconnaître la présence du Tout-Autre, lui qui est aussi le Tout-Proche ?

Chapitre 16 L'Apôtre aux côtés du pèlerin

Saint Godric (1069-1170). Ce petit paysan anglais, marchand d'épaves de porte en porte avec son âne, puis de port en port avec sa barque, devint un féroce pirate, tristement célèbre pour ses crimes et ses pillages. Il manque un jour de se noyer ; rejeté sain et sauf sur le rivage, il attribue son salut à saint Jacques et se convertit. Dirigeant un navire marchand, il fait coïncider son commerce avec des visites dans les lieux saints, puis abandonne tout et devient définitivement pèlerin. Il se rend à Jérusalem. Plus tard, il entreprend le pèlerinage vers Compostelle, à pied et en portant sa mère âgée sur son dos. Il devient moine et finit sa vie en ascète, loin du monde. ■

« Nous avons près de nous, j'en suis persuadé, des anges véritables, des anges gardiens, qui nous portent secours, nous conseillent, nous éclairent, nous évitent de sombrer et, quand nous sombrons, ne se contentent pas de s'affliger mais n'ont de cesse qu'ils ne nous aident à remonter du fond des abîmes où nous sommes tombés. » ■

DOMINIQUE PONNAU

« La sainteté, c'est tomber et se relever. » ■

THÉRÈSE D'ÁVILA

« L'homme ne peut échapper à l'amour de lui-même, à l'adoration de lui-même que s'il rencontre, au-dedans de lui-même, une Présence qui le délivre de lui-même. » ■

MAURICE ZUNDEL

« Si vous revenez à Lui du fond du cœur, de toute votre âme et dans votre vérité nue, alors Il reviendra vers vous et ne vous cachera plus sa face. » ■

LIVRE DE TOBIE 13, 6

« Je ne vous ferai point défaut.
[...] Quand je disparaîtrai à vos yeux, c'est pour aller de l'autre côté du monde pour vous en rapporter les nouvelles, et bientôt je suis de nouveau avec vous pour tout l'hiver.
Car bien que j'aie l'air immobile, je n'échappe pas un moment à cette extase circulaire en quoi je suis abîmé.
Levez vers moi les yeux, mes enfants, vers moi, le Grand Apôtre du Firmament, qui existe dans cet état de transport. » ■

PAUL CLAUDEL

« Les saints nous prouvent, à longueur de chrétienté, que quand on compte sur Dieu on n'a plus besoin de compter. » ■

GILBERT CESBRON

Saint Jacques
pour compagnon de route

À lire sous les étoiles

La ville de Pise voit naître en 1156 une petite fille nommée Bone. Elle a 3 ans quand son père part pour la Terre sainte. Élevée par sa mère corse, elle reçoit intérieurement des conseils de la part du Seigneur et commence ainsi une vie de prière et de pénitence, jeûnant trois fois par semaine, vêtue comme une pauvre. Un jour, elle a une vision de Jésus, de Marie et de saint Jacques. Celui-ci devient désormais son compagnon de route, non pas un personnage imaginaire, mais un homme en chair et en os que d'autres personnes ont pu apercevoir. Elle accomplit plusieurs pèlerinages, notamment en Terre sainte où elle fait la connaissance de son père. La présence mystérieuse de l'Apôtre à ses côtés permet à Bone d'accomplir des miracles partout où elle va : elle guérit un blessé ; elle sauve d'un brigand un pèlerin qui dissimulait deux fautes graves, et ce dernier décide alors de se confesser ; elle fait traverser plus de mille personnes sur un pont instable au-dessus d'un torrent en crue, et le pont tient bon. Toujours accompagnée de saint Jacques, elle décide de consacrer sa vie à guider les pèlerins sur le chemin de Compostelle. Sentant sa mort venir lors d'un dernier pèlerinage, elle se fait ramener à Pise où elle s'éteint en 1207. ■

Chapitre 17

À l'approche de Santiago

« Celui qui va lentement arrivera lentement. »

MILAREPA

À l'approche de Santiago

🐚 Cruz de Ferro, à 1490 mètres d'altitude, est l'un des endroits les plus marquants du Chemin. Après les hauteurs désolées de la Maragatería castillane, voici la région du Bierzo, surnommée « la porte de la Galice ». Mais, pour le moment, une halte s'impose au sommet des Montes de León. C'est là que s'élève la mythique « croix de fer », fichée en haut d'un mât de bois planté dans un cairn. Respectant le rite antique christianisé, le pèlerin y déposera une pierre qu'il chargera, dans le secret de son cœur, d'une signification personnelle : un péché trop lourd à porter, une épreuve à dépasser, un renoncement nécessaire…

Tel était, autrefois, le premier acte rituel du pèlerinage; c'est le seul qui, par sa force symbolique, a survécu. La tradition voulait qu'ensuite, à Triacastela, le pèlerin se charge d'une pierre calcaire pour la transporter jusqu'aux fours de Castañeda, où elle était transformée en chaux destinée à l'édification de la basilique de Compostelle. Le troisième acte rituel se déroulait à une dizaine de kilomètres de Santiago : à Lavacolla (mentionné par *Le Guide du pèlerin* sous le nom de « Lavamentula »), le jacquet se baignait dans une rivière pour achever sa purification.

Il était alors prêt à gravir le Monte del Gozo, ce « mont de la joie* » où l'horizon offrait la vision du but si longtemps désiré. Selon une

198

Chapitre 17 À l'approche de Santiago

Pèlerin apercevant Santiago. Statue de bronze à l'arrivée à Saint-Jacques-de-Compostelle, XXᵉ siècle.

coutume, les pèlerins accomplissaient cette étape en courant; celui qui arrivait le premier au sommet y plantait une croix et faisait retentir le cri joyeux de «Santiago!», ce qui lui valait d'être proclamé «roi du pèlerinage». L'heure était ensuite au recueillement et à l'action de grâces : «Découvrant brusquement la ville, rapporte Domenico Laffi au XVIIe siècle, nous nous mîmes à genoux et de joie les larmes coulèrent de nos yeux, et nous commençâmes à chanter le *Te Deum*, mais après deux ou trois versets nous ne pouvions plus prononcer une parole à cause de nos larmes. »

De nos jours, ce site a bien changé : les aménagements effectués à l'occasion de la Journée mondiale de la Jeunesse, en 1989, puis de l'Année sainte* de 1993, ont atténué la solennité des lieux. Et les flèches de la cathédrale, qui se profilent dans le lointain, sont à présent bien difficiles à deviner... Cependant, à quelques heures de Santiago, l'émotion étreint toujours le pèlerin. Mais il s'agit d'un sentiment étrange, une sorte d'« anticlimax » : sa joie est mêlée de nostalgie, car la fin du voyage est proche. « J'avais appris à écouter le Chemin, explique un marcheur, je m'étais habitué au sac sur les épaules ; le confort lui-même ne me manquait plus. Et voilà qu'en un instant tout allait finir ! » L'arrivée marque en effet le terme du voyage et, en conséquence, la reprise du quotidien. Un retour redouté par beaucoup de jacquets... Céderont-ils à la tentation de faire demi-tour à quelques kilomètres de la ville sainte ? La plupart, finalement, se ravisent, car ils savent que l'on ne marche que pour arriver, et que le chemin n'a de sens que parce qu'il a un but. Ils quittent donc la colline, pour descendre dans la ville. ■

Chapitre 17 À l'approche de Santiago

« *Journal de Jean-Noël Gurgand* – Je n'ai jamais douté pouvoir finir. Mais maintenant que tout va mieux, que je peux à nouveau m'alimenter et poser le pied par terre, je crois bien n'avoir plus envie d'arriver au bout du voyage. Je pourrais […] m'arrêter à l'aéroport, dix kilomètres avant Compostelle, et y attendre Pierre. Je lui en parle. Il croit à une coquetterie. J'ai cinq jours pour me décider.

[…] *Carnet de route* – Mardi 7 juin. Demain, Compostelle. Les jours se bousculent. On ne nous demande plus où nous allons mais d'où nous venons. […]

Journal de Jean-Noël Gurgand – J'irai, finalement, à Compostelle. Je suis un extrémiste raisonnable.

Carnet de route – Mercredi 8 juin. Monte del Gozo, en français Montjoie. Là-bas, à cinq kilomètres, le "phare de l'univers", comme disait Jean XXIII, émerge du crachin. Ici, jadis, les pèlerins tombaient à genoux pour remercier monsieur saint Jacques de voir enfin le bout du chemin. Le premier arrivé au sommet était dit "le roi" du pèlerinage, et le nom lui restait, à lui et à ses descendants – Leroy. Aujourd'hui, c'est nous les rois. » ■

(Pierre Barret et Jean-Noël Gurgand, *Priez pour nous à Compostelle*, Hachette, 1978, p. 356-359.)

Karen Guillorel
(éditrice, artiste multimédia
et auteur)

— *Quelle ambiance règne sur le chemin à l'approche de Saint-Jacques-de-Compostelle ?*

— J'ai remarqué un décalage profond, durant les cent derniers kilomètres, avec ceux qui débutent leur pèlerinage (100 kilomètres est la distance minimum pour « valider » le pèlerinage et recevoir la *compostela**) et qui sont confrontés aux problèmes que les autres marcheurs ont résolus deux mois plus tôt (poids du sac, ampoules, etc.). Cela dit, il y a une joie commune de mettre un pied devant l'autre et une camaraderie qui fait de ce chemin une réelle exception. La palette émotionnelle est très large : la joie, l'impatience, une douce lassitude. Certains ont hâte d'arriver, d'autres sont soudain étreints par l'inquiétude de la fin du voyage.

— *Pourquoi avez-vous choisi d'effectuer ces dernières journées de marche en jeûnant ?*

— J'avais appliqué la pratique du jeûne pendant l'écriture de mon mémoire d'histoire médiévale sur les miracles de Jacques le Majeur. Il m'a semblé logique que le jeûne m'accompagne jusqu'à la fin de cette écriture dont ce pèlerinage était le prolongement. Les sept derniers jours, j'ai donc adopté le jeûne dit Buchinger : je buvais un jus de fruit pressé ou un bouillon de légumes à chaque « repas ».

Chapitre 17 À l'approche de Santiago

Je m'étais assurée d'avoir un compagnon de route pour quelques jours, Adrien. Il devait m'avertir s'il avait le sentiment que je n'étais pas raisonnable. Il a cependant été déconcerté par l'aspect très intérieur et intense de l'expérience qui créait en moi une nécessité d'isolement.

— *Pouvez-vous décrire cette expérience ?*

— Ces jours ont été les plus cristallins de mon pèlerinage. Je n'étais pas loin d'un état de lâcher prise complet. Je marchais jusqu'à 45 kilomètres par jour. Le jeûne avait exacerbé ma sensibilité. J'étais notamment touchée par les choses minuscules auxquelles je ne prêtais habituellement pas attention : les insectes, l'aspérité dans un mur, un grain de maïs séché sur l'asphalte, la lumière sur un visage. L'avant-dernier jour, j'avais vraiment le sentiment de respirer le même air que tous les autres êtres animés et inanimés de ce monde.

— *Y a-t-il eu des moments moins évidents ?*

— Je me souviens d'un matin où je n'arrivais pas à escalader une pente pleine de boue glacée. J'ai hurlé de tout mon cœur pour ne pas abandonner. C'est à ce moment-là que m'est venue à l'esprit une phrase que j'ai scandée intérieurement pendant des heures : « Ce sont les baisers des oiseaux qui m'emmènent jusqu'au ciel. » Une prière personnelle qui monte toujours en moi lorsque je dois affronter des situations difficiles. ■

Évangile selon saint Jean (2, 13-17).
La Pâque des Juifs était proche et Jésus monta à Jérusalem. Il trouva dans le Temple les marchands de bœufs, de brebis et de colombes ainsi que les changeurs qui s'y étaient installés. Alors, s'étant fait un fouet avec des cordes, il les chassa tous du Temple, et les brebis et les bœufs ; il dispersa la monnaie des changeurs, renversa leurs tables et dit aux marchands de colombes : « Ôtez tout cela d'ici et ne faites pas de la maison de mon Père une maison de trafic ! » Ses disciples se souvinrent qu'il est écrit : « Le zèle de ta maison me dévorera. »

L'arrivée est proche, la foule plus ou moins disparate se densifie depuis quelque temps. Qu'en sera-t-il des dernières étapes et de l'arrivée en ville avec le bruit retrouvé, la circulation si dense, la profusion des magasins de souvenirs ? Mais aussi avec le sanctuaire dédié à saint Jacques, un homme choisi par Jésus de Nazareth pour être son disciple et son envoyé ? N'est-ce pas le temps de m'y préparer, pour préserver dès maintenant l'intériorité travaillée tout au long du Chemin ? Cette arrivée, ne sera-t-elle pas... qu'un nouveau départ ?

Chapitre 17 À l'approche de Santiago

🙏 **Sainte Marie l'Égyptienne (ve siècle).** Prostituée d'Alexandrie, Marie rencontra à 29 ans des pèlerins qui se rendaient à Jérusalem. Elle décida de partir avec eux, payant son voyage en monnayant ses charmes. Arrivée dans la Ville sainte, elle voulut entrer avec la foule dans la basilique de la Résurrection, mais une force mystérieuse la repoussait chaque fois qu'elle tentait d'en franchir le seuil. Tout le monde entrait, sauf elle. Ses yeux tombèrent sur une icône de la Vierge Marie ; envahie par le remords, elle fondit en larmes. Elle se confessa. Elle put alors pénétrer dans la basilique « comme portée sur les flots » et communia, puis s'installa dans le désert où elle vécut quarante-sept ans. ■

📜 « Trois jardins ont entouré le destin de l'humanité. Il y eut celui du Paradis, celui de l'Agonie et celui de la Résurrection. Ils n'ont pas tous le même ordre dans nos vies, mais impossible qu'il n'y ait pas les trois. » ■

BERNARD BRO

« Le voyage n'est jamais celui qu'on attend. Que l'horizon se dérobe, rien à dire ; il est dans sa nature même de fuir. C'est la destination qui se moque vraiment de nous. Nos chemins nous mènent toujours ailleurs. Certains s'agaceront de cette indocilité. Les autres savent, du plus profond de leur âme, que c'est un autre nom pour le sel de vivre. » ∎

ERIK ORSENNA

« Promesse tendue vers l'impossible et, par conséquent, jamais accomplie : même les plus hauts instants de bonheur sont encore attente et nostalgie, chaque plénitude creuse un nouveau vide, le breuvage attise la soif. » ∎

GUSTAVE THIBON

« "Plus tu avances, moins tu connais", dit Lao Tseu. Certes, il faut avoir tout perdu, s'être dépouillé de tout, avant de se disposer à recevoir un rayon de la Grâce. » ∎

VINCENT LA SOUDIÈRE

« On commence à être heureux d'être soi quand on entre dans le regard divin sur soi. » ∎

SAMUEL ROUVILLOIS

« On fait la queue devant le Paradis [...]. D'abord il faut avoir l'air d'un saint, mais ne pas l'être. N'être ensuite ni saint ni en avoir l'air. Après il faut être saint mais sans le laisser paraître. Et c'est tout à la fin seulement qu'un saint ressemble à un saint. Dépêchons-nous d'aimer. » ∎

PÈRE JAN TWARDOWSKI

La chapelle aux portes closes

Quand le comte de Saint-Gilles arriva à Compostelle avec son frère et ses compagnons, il se sentit rempli de joie à la pensée d'aller se recueillir devant le tombeau de saint Jacques. Or, comme il arrivait à la chapelle qui abritait ce lieu saint, il trouva les portes en fer fermées à double tour. Il pria le sacristain de bien vouloir les laisser entrer, mais celui-ci refusa catégoriquement : la tradition voulait que la chapelle soit close du coucher au lever du soleil. Le comte et son frère revinrent à l'auberge. Comme ils ne parvenaient pas à surmonter leur tristesse et leur déception, ils rassemblèrent leurs compagnons et leur demandèrent s'ils voulaient les accompagner au tombeau de l'Apôtre. Dans la nuit, munis de cierges allumés, ils furent environ deux cents à se rendre à la chapelle. Là, ils se mirent à prier : « Très saint Jacques, s'il t'est agréable que nous venions à toi, ouvre-nous ta chapelle ! » Dans un grand fracas, les serrures et les chaînes se brisèrent et les portes s'ouvrirent, miraculeusement, afin de laisser entrer les pèlerins. Ceux-ci, émus et tout joyeux de ce miracle, purent veiller dans la nuit auprès du tombeau de celui qui les avait exaucés avec tant de bienveillance. ■

Chapitre 18

L'arrivée

*« Tu ne me chercherais pas
si tu ne m'avais déjà trouvé. »*

SAINT AUGUSTIN

L'arrivée

🐚 Une question revient souvent dans les discussions des pèlerins : entre le but et le chemin, lequel est le plus important ? Cette interrogation se dissout d'elle-même sur la place de l'Obradoiro, où le voyageur pose son sac pour contempler, avant d'y pénétrer, la majestueuse demeure de l'Apôtre. S'il n'y avait pas, au bout de la route, cette ville où chaque pierre est empreinte de sacralité, le jacquet marcherait-il avec autant d'entrain ? Les sanctuaires de pèlerinage sont des « antichambres » de la Jérusalem céleste, et Santiago ne fait pas exception. La littérature jacobéenne lui réserve en effet la meilleure part : « Les pèlerins ne regardaient qu'elle, ne voyaient qu'elle, écrit Georges Blond. Au terme de leur voyage, elle était une patrie, un doux berceau géant, mais aussi un navire, prêt à les accueillir pour les transporter jusqu'au Paradis[1]. »

Une dernière fois, le pèlerin charge son sac à dos. En guise d'étape finale, il gravit l'escalier monumental qui le conduit au seuil du sanctuaire. Et là, tout à la joie de l'arrivée, il découvre qu'il était attendu ! Alors qu'il se croyait anonyme parmi tant d'autres sur le Chemin, il est personnellement accueilli par l'Apôtre en majesté. Autour de lui,

---

1. Georges Blond, *L'Homme, ce pèlerin*, Fayard, 1956, p. 137.

Chapitre 18 **L'arrivée**

Portique de la Gloire. Cathédrale de Saint-Jacques-de-Compostelle, 1188.

sur le Portique de la Gloire, la cour céleste est réunie : le Christ entouré des quatre évangélistes, des anges portant les symboles de la Passion, et des vingt-quatre vieillards de l'Apocalypse qui chantent et jouent sur leurs instruments « un cantique nouveau[1] ». Le moment est venu de laisser une trace de son passage : au pied de l'Arbre de Jessé qui représente la généalogie du Christ, ses doigts creusent un peu plus cette empreinte dont la pierre a été marquée par des milliers d'autres mains. Une « prise de terre et de ciel », selon la belle expression d'un pèlerin[2]... Il pose ensuite

---

1. Livre de l'Apocalypse 5, 9.
2. Luc Adrian, *Compostelle. Carnet de route d'un pèlerin, op. cit.*, p. 211.

L'arrivée

trois fois son front sur celui du *santo de los croques* (le «saint des coups de tête») qui représenterait maître Mateo : par ce geste, dit-on, il communiquerait avec l'intelligence de ce célèbre sculpteur à qui l'on doit ce splendide portail.

Le voilà à présent dans l'enceinte sacrée, où saint Jacques surplombe majestueusement le maître-autel. En suivant la file des pèlerins, le jacquet monte faire un *abrazo*[1] à cet ami devenu si familier qu'il était même permis, jadis, d'échanger la couronne du saint contre son propre chapeau. L'écriteau que l'Apôtre tient à la main invite le fidèle à vénérer son sépulcre, dans la crypte. Le parcours rituel s'achève ici, devant la châsse en argent qui renfermerait les reliques de Jacques le Majeur et de ses disciples Athanase et Théodore. Qu'en est-il, là encore, des querelles autour de ce tombeau? À dire vrai, elles concernent peu le pèlerin. Ce dernier est venu, en cette sainte demeure, déposer les intentions qui lui ont été confiées tout au long de sa route, et remercier l'Apôtre de l'avoir mené au terme du pèlerinage. Et s'il est une présence qu'il ressent en ce lieu, c'est bien celle de cet insigne compagnon de voyage, désormais gravée au plus intime de son cœur. Le pèlerin peut alors s'en retourner en paix, envahi par la grâce que lui a distillée, dans les ténèbres de l'épreuve, l'inépuisable lumière du Chemin. ■

---

1. Une accolade.

Chapitre 18 **L'arrivée**

« Compostelle. Un nom. Un imaginaire. Un vocable à la double origine. L'une "savante", l'autre scientifique, pourrait-on dire. L'une littéraire, l'autre historique. Aussi vraies l'une que l'autre, chacune à sa manière. *Campus stellae* : le champ de l'étoile, ou *compostum* : le champ des morts.

Cendres laiteuses, lumineuse poussière, oriflamme d'or et lame d'argent qui claquent d'un même mouvement sous les risées des vents océaniques, et confondent leurs découpes à l'horizon du temps passé, céleste veilleuse dans la clarté nocturne, fanal pour le voyageur à travers les ténèbres.

La mort et l'espérance, en un mot.

Compostelle, tombeau de l'apôtre Jacques. Tombeau vide? Rempli des os d'un chien ou d'un cheval, comme le supposait Luther, ou des reliques saintes du Compagnon du Christ? Peu importe. Des milliers de gens ont donné là rendez-vous à l'Apôtre, répétant tout au long de leur route, à chaque pas, "Saint Jacques, nous voilà!", et devant tant d'insistance, l'Apôtre a fini par être présent. » ∎

(Marie-Virginie Cambriels, *Un Chemin d'étoiles*, Orion, 2004, p. 179-180.)

Le chemin d'un témoin

Père Jenaro Cebrián Franco
(responsable de l'accueil des pèlerins à Saint-Jacques-de-Compostelle)

— *Dans quelles dispositions les pèlerins arrivent-ils à Saint-Jacques-de-Compostelle ?*

— Sur le plan physique, ils arrivent fatigués et souvent avec les pieds en mauvais état (ampoules, tendinites…). Leur condition physique contraste avec leur état intérieur : tous évoquent la paix et le sentiment de bien-être de s'être enfin retrouvé eux-mêmes. Ils parlent du partage qu'ils ont eu avec les autres pèlerins, de la déconnexion avec les soucis et les préoccupations de leur vie quotidienne. Pour beaucoup, le pèlerinage a un effet thérapeutique qui leur permet de se libérer du stress et des tensions accumulées.

— *Et sur le plan spirituel ?*

— Les pèlerins arrivent réconfortés et renouvelés intérieurement. Le chemin a décapé et clarifié leur âme. Nombre d'entre eux sont conscients d'avoir vécu un voyage vers Dieu qui a enrichi leur propre vie intérieure. En arrivant à Saint-Jacques-de-Compostelle, leurs visages rayonnent de la joie profonde de toucher au but. L'un des pèlerins me parlait de son « bonheur de franchir enfin le Portique de la Gloire ». Un autre m'a dit : « Quelles que soient les raisons qui nous poussent sur le chemin, on est saisi par une émotion incroyable lorsqu'on pénètre dans la basilique et que l'on découvre la tombe de saint Jacques… »

Chapitre 18 L'arrivée

— *Qu'est-ce qui marque le plus les pèlerins ?*
— Leurs souvenirs les plus marquants sont liés à ce qu'ils ont vécu en chemin : les rencontres et les discussions qu'ils ont eues avec les autres pèlerins, l'accueil et l'hospitalité qu'ils ont reçus à chacune de leurs étapes. D'autres évoquent davantage le renouvellement intérieur et la découverte du Chemin de la vie. J'entends souvent cette phrase : « Intérieurement, je suis devenu quelqu'un d'autre. »

— *Qu'appelez-vous « le Chemin de la vie » ?*
— Sur le chemin de Compostelle, beaucoup expérimentent, d'une façon ou d'une autre, la présence de Dieu. Au terme de leur pèlerinage, ils prennent conscience que Dieu continuera de les accompagner tous les jours de leur vie, comme il l'a fait sur le *Camino*. Ils ont l'intime conviction que l'arrivée à Saint-Jacques-de-Compostelle ne marque pas une fin mais qu'elle représente un nouveau départ sur ce Chemin de la vie, où l'égoïsme et la mort n'ont pas le dernier mot, où le bonheur et l'amour sont possibles… ■

Le chemin de la Bible

Psaume 121
Quelle joie quand on m'a dit :
Allons à la maison du Seigneur !
Maintenant notre marche prend fin
devant tes portes, Jérusalem !

Jérusalem, te voici dans tes murs :
ville où tout ensemble ne fait qu'un,
là où montent les tribus,
les tribus du Seigneur.
[...]
Advienne la paix dans tes murs ! [...]
Pour l'amour de mes frères, de mes amis,
laisse-moi dire : paix sur toi !
Pour l'amour de la maison du Seigneur notre Dieu,
je prie pour ton bonheur.

Enfin ! l'arrivée à la ville et au sanctuaire où je pourrai saluer monsieur saint Jacques : « Abrazo al Apóstol. » Le psaume 121 chanté et prié par les pèlerins à leur arrivée à Jérusalem peut éclairer ce terme du pèlerinage. Avec la communauté des croyants, puis-je remercier Dieu de ce Chemin, avec ses rencontres, ses heures de doute, de difficultés et d'enthousiasme ? Unis à tous, est-ce que je réalise mieux comment l'Église est appelée à devenir cette communion de baptisés « où tout ensemble ne fait qu'un » ? Que vais-je faire pour y travailler, demain, chez moi ?

Chapitre 18 **L'arrivée**

 Sainte Brigitte de Suède (1303-1373). En 1342, Brigitte, une noble suédoise, prie avec ferveur devant le tombeau de saint Jacques. On imagine aisément son émotion : elle vient de parcourir 4 000 kilomètres depuis la Suède avec son mari Ulf, traçant ainsi la plus longue route de l'histoire des chemins de Saint-Jacques. Accompagnés de nombreux prêtres et de moines, tous deux ont vécu cette marche dans la prière et la pénitence. Au départ de leur propriété d'Ulvasa, leur pérégrination, ponctuée de nombreuses haltes (Cologne, Aix-la-Chapelle, Saint-Maximin, Marseille, etc.), semble avoir rejoint la *via Tolosana*. Sainte Brigitte de Suède a été surnommée « la pèlerine de tous les pèlerins » et proclamée co-patronne de l'Europe en 1999. ■

« Une quête, un chemin initiatique jalonné de signes, de rencontres mystérieuses, d'épreuves, où les éléments et les hommes se conjuguent pour dépouiller le pèlerin d'abord du superflu, puis du nécessaire, pour enfin, selon la loi du chemin, le laisser à Santiago, seul devant le Seul. » ■

PHILIPPE-EMMANUEL RAUSIS

Le chemin des hommes

« Les touristes passent rapidement d'endroit en endroit, mais les endroits passent lentement à travers les pèlerins et les changent pour toujours. » ■

PÈRE THOMAS ROSICA

« Ils pleurèrent à haute voix : "Voyez, c'est Sion la ville de notre délivrance !" Ils tombèrent face contre terre et de là, ils s'approchèrent à genoux, embrassant frénétiquement le sol avec leurs lèvres et leurs yeux. » ■

PIERRE D'IBÈRE

« Voici le lieu du monde/où tout rentre et se tait,/ Et le silence et l'ombre/Et la charnelle absence,/ Et le commencement/D'éternelle présence,/ Le seul réduit où l'âme/Est tout ce qu'elle était. » ■

CHARLES PÉGUY

« Il est des lieux qui tirent l'âme de sa léthargie. » ■

MAURICE BARRÈS

« L'heure vient où ce ne sera ni sur cette montagne ni à Jérusalem que vous adorerez le Père. » ■

JÉSUS, ÉVANGILE SELON SAINT JEAN 4, 21-23

« Dieu est là où on le laisse entrer. » ■

SAGESSE HASSIDIQUE

« Il y a des lieux où souffle l'Esprit, mais il y a un Esprit qui souffle en tous lieux. » ■

MADELEINE DELBRÊL

Saint Jacques
aux portes de la mort

Bien des pèlerins, surtout au Moyen Âge, mouraient avant d'arriver à Compostelle, mais certains purent finir leurs jours en état de grâce près du tombeau de l'Apôtre. Évoquons Guillaume d'Aquitaine : en l'an 1137, le duc d'Aquitaine se mit en route pour expier les crimes commis au cours des batailles qu'il avait menées. À son arrivée, il se confesse et communie, puis s'effondre devant l'autel. Il meurt ainsi, à 38 ans, dans les bras de saint Jacques.

L'autre «bon larron» est un chevalier lyonnais, parti avec deux compagnons pour expier ses nombreux péchés. En route, une femme lui demande de se charger de sa lourde besace. Puis, comme un pèlerin infirme l'appelle à l'aide, il le charge sur son cheval et continue à pied. Il y laisse sa santé et arrive agonisant à Compostelle. Ses compagnons se désolent en le voyant inanimé, incapable de confesser ses péchés. Au bout de trois jours, il se met à parler : «Du moment où je me suis senti malade, j'ai pensé que je voulais me confesser et communier. Mais une multitude d'esprits fourbes m'a assailli. Puis saint Jacques est entré, tenant la besace de la femme et le bourdon du pèlerin infirme, faisant fuir les démons. Maintenant, allez me chercher un prêtre car je vais quitter cette vie.» ■

Chapitre 19

Jusqu'à la fin des terres

« Où toutes les routes finissent commence l'autre voyage. »

CHRISTIANE SINGER

La plupart des pèlerinages s'achèvent par la visite des lieux qui conservent le souvenir du saint vénéré. C'est pourquoi Padrón, à une vingtaine de kilomètres au sud-ouest de Compostelle, est un prolongement naturel de la pérégrination jacquaire. Le proverbe le confirme : « *Quen va Santiago e non va a Padrón, ofaz romeria o non* » (« Qui va à Saint-Jacques sans aller à Padrón accomplit ou non son pèlerinage »). C'est ici qu'aurait abordé la barque transportant le corps de l'Apôtre depuis la Palestine : le *pedrón* (ou « pilier »), où cette embarcation aurait été amarrée, est toujours visible sous l'autel de l'église Santiago.

Et cette pierre sacrée, où le corps de l'Apôtre aurait reposé, emmène loin, très loin, le pèlerin qui, au-delà de Compostelle, a bravé sa fatigue pour venir se recueillir en ces lieux. Elle invite en effet à remonter au-delà de cet épisode de la tradition jacobite, puisqu'elle serait un autel dédié à une divinité romaine. Ici, face à la « mer des Morts », des peuples sont venus offrir un sacrifice au soleil couchant. Dans toute la région, mégalithes et pétroglyphes expriment leur quête, leurs doutes, leurs peurs. Leurs croyances et leurs espoirs, aussi.

Lorsque le pèlerin parvient au cap Finisterre, sur ce promontoire qui borne l'extrême Occident, il assiste au même spectacle, immuable.

Chapitre 19 **Jusqu'à la fin des terres**

Coquille Saint-Jacques entourée d'une couronne végétale. Cathédrale de Saint-Jacques-de-Compostelle (façade de la Quintana), XVIIIe siècle.

Au terme de sa course, le soleil s'abîme dans la mer : il disparaît pour ressusciter de l'autre côté de la Terre nommé pour cette raison « Orient[1] ». Ainsi, du matin au soir, puis du soir au matin, il fait un tour entier, se « convertit ». En contemplant cette scène, le jacquet songera à certains chapiteaux qu'il a admirés dans les églises sans vraiment les comprendre : des personnages, tête en bas, tentaient d'effectuer une rotation. À travers cette contorsion du corps, les sculpteurs du Moyen Âge exprimaient le nécessaire « retournement intérieur » qui n'est autre que le

---

1. Les termes Occident et Orient viennent respectivement du latin *occidere* (tomber, périr) et *oriri* (se lever, naître).

message de l'astre du jour : mourir pour renaître, du Couchant au Levant.

Peut-on imaginer plus bel endroit pour cette renaissance que la fin des terres, cet auguste promontoire qui surplombe la mer ? C'est là que le pèlerin brûlera ses vieux oripeaux, encore maculés de la poussière du chemin, afin de revêtir les habits de lumière qui caractérisent « l'homme nouveau ». Dans un dernier geste rituel, il ramassera l'une de ces coquilles dont le nom honore l'Apôtre[1] : elle sera la coupe du baptême inaugurant sa nouvelle vie, et l'onde pure de l'océan en sera l'eau baptismale.

Au bout de cette route qui conduit à la mer, les balises ont disparu. Il n'y a plus de flèches pour indiquer la direction à suivre. Libéré de ses derniers ancrages sécurisants, le pèlerin accueille la seule promesse qui vaille : à la lisière du monde et du temps, il a acquis la certitude de l'Autre Rive, ce « séjour des Bienheureux » qu'il atteindra au finisterre de sa vie. Il s'en retourne ainsi chez lui, le cœur empli de ce mystère. La *concha** qu'il arbore sur son sac est non seulement la preuve du pèlerinage accompli ; elle sera, quand sonnera l'heure du dernier Voyage, son passeport pour l'Au-delà. *Ultreia...* ∎

---

1. Cependant, il lui faudra parfois l'acheter, car les coquilles Saint-Jacques, jadis abondantes sur ces côtes, sont à présent bien rares...

Chapitre 19 Jusqu'à la fin des terres

« Aux confins des terres, les grands espaces célestes et marins semblent dilater l'homme et lui permettent de s'ouvrir aux multiples résonances de la vérité afin de l'accueillir dans la forme où elle trouve écho en son cœur.

Le jour des derniers pas sur le rivage désert, le Chemin se dissout dans la mer et nous laisse orienter librement nos empreintes le long de cette ultime grève où de prochaines vagues viendront les effacer. Le lieu de la communication entre l'éphémère et l'éternel, du passage entre le profane et le sacré se présente pour nous sous la forme d'une plage déserte sur laquelle la mer a rejeté, innombrables, entières ou brisées, de toutes dimensions, aux teintes ocre, roses, grises ou bleues, et à l'éclat magique... les coquilles Saint-Jacques. [...]

L'emblème du pèlerin condense en lui-même la multiplicité des perspectives symboliques que le Chemin a laissé entrevoir. Fruit de la mer, si généreusement offert sur cet ultime rivage, tu scintilles dans le creux de ma main, coquille Saint-Jacques exprimant la dimension cosmique sacrée des eaux originelles où le Chemin conduit, et figurant le réceptacle duquel l'Homme nouveau va surgir au terme de sa transformation. » ∎

(Florence Baccheta, *En marche vers Compostelle*, Tricorne/Cerf, 1994, p. 148-150.)

Patrick Poivre d'Arvor
(journaliste, écrivain)

 — *Quand avez-vous suivi le chemin de Compostelle?*

— Je suis parti pour la première fois du Puy-en-Velay en 2001 et j'ai ensuite marché les six étés suivants, par petites étapes d'une semaine, sur ce «chemin mystérieux qui va vers l'intérieur», comme dit si bien le poète allemand Novalis. J'allais quelque part en moi-même, à la fin du monde connu... J'ai parcouru la dernière étape, jusqu'au cap Finisterre, quelques semaines après avoir présenté mon dernier journal sur TF1 le jeudi 10 juillet 2008. C'est étonnant à dire, mais ce fut l'été le plus lumineux que j'aie passé depuis longtemps!

— *Dans votre livre qui relate ce voyage, vous parlez d'un vêtement qui ne vous a pas quitté lors de cette dernière étape. De quoi s'agit-il?*

— D'un *kata*. C'est une grande écharpe en soie blanche tibétaine. Je la portais tantôt enroulée autour du cou, tantôt comme un chèche pour me protéger du soleil. La nuit, pour dormir, je la mettais autour de la tête pour me couvrir les yeux. Je la considérais comme un objet sacré qui avait le pouvoir de m'apaiser et de me protéger.

Chapitre 19 Jusqu'à la fin des terres

— *D'où venait-elle ?*

— Elle m'avait été offerte, quelques jours auparavant, par Jetsun Pema, la sœur cadette du Dalaï-Lama que j'avais rencontrée lors du salon du livre de l'île de Ré, dont elle était l'invitée d'honneur. Je lui avais raconté le rituel qui consiste à brûler un vêtement au terme du chemin pour aborder une nouvelle vie et se débarrasser de sa «vieille peau». Elle m'avait expliqué qu'il en allait de même dans la tradition bouddhiste, et m'avait remis ce *kata* en me disant : «Je sens que vous souffrez. Poursuivez votre chemin. Tout passe, vous verrez... Au bout, il y aura la paix.»

— *Comment s'est passée votre ultime étape ?*

— Je suis arrivé à Cabo Fisterra le 15 août 2008. Je me suis frayé un passage au milieu des touristes et des pèlerins jusqu'au bord de la falaise. Je m'y suis senti bien... Dans les rochers, des cavités ont été aménagées pour permettre au pèlerin de brûler un des vêtements qu'il a portés tout au long du chemin. J'ai pris le *kata*, plein de poussière et de sueur, et je l'ai brûlé. Il s'est consumé en quelques secondes. J'ai pensé au phénix qui renaît de ses cendres. J'avais marché sans trop savoir pourquoi... Le chemin de Compostelle m'a permis de déployer à nouveau mes ailes. ■

Genèse (1, 26-31). Dieu dit : « Faisons l'homme à notre image, selon notre ressemblance et qu'il soumette les poissons de la mer, les oiseaux du ciel, les bestiaux, toute la terre et toutes les petites bêtes qui remuent sur la terre. » Dieu créa l'homme à son image, à l'image de Dieu il le créa ; mâle et femelle il les créa. Dieu les bénit et leur dit : « Soyez féconds et prolifiques, remplissez la terre et dominez-la. Soumettez les poissons de la mer, les oiseaux du ciel et toute bête qui remue sur la terre. Voici, je vous donne toute herbe qui porte sa semence sur toute la surface de la terre et tout arbre dont le fruit porte sa semence ; ce sera votre nourriture. À toute bête de la terre, à tout oiseau du ciel, à tout ce qui remue sur la terre et qui a souffle de vie, je donne pour nourriture toute herbe mûrissante. » Il en fut ainsi. Dieu vit tout ce qu'il avait fait. Voilà, c'était très bon. Il y eut un soir, il y eut un matin...

Aller au-delà de la ville et de son sanctuaire, jusqu'au bout de la terre, jusqu'aux rives de l'océan, n'est-ce pas pour une nouvelle naissance qu'éclaire ce célèbre extrait du premier livre de la Bible, celui du Commencement ?

Chapitre 19 Jusqu'à la fin des terres

Sainte Odile (660-722). Au monastère de Palma (Baume-les-Dames) grandit une jeune aveugle de 15 ans, élevée par les sœurs. Elle n'a pas de nom ; elle est la fille du duc d'Alsace, rejetée à cause de son infirmité. L'évêque Erhard, évangélisateur de la Bavière, reçoit de Dieu cette inspiration : « Va à Palma, tu y trouveras une jeune fille aveugle et tu la baptiseras en lui donnant le nom d'Odile » (*Gotteslicht* signifie « lumière de Dieu »). La jeune fille, vêtue d'une tunique blanche, descend dans le baptistère et s'immerge entièrement, selon la coutume de l'époque. Ainsi plongée dans les eaux du baptême, elle renaît à une vie nouvelle : ses paupières s'ouvrent, elle voit ! ■

« Il y a deux moments importants dans la vie : maintenant et l'heure de notre mort. » ■

MICHEL SERRES

« La Connaissance, c'est aussi savoir que lorsqu'on est arrivé, il faut revenir et que la moitié seulement du travail est fait ! » ■

HENRI VINCENOT

« La vie est faite de naissances secrètes. » ■

RENÉ DAUMAL

Le chemin des hommes

« Aimer et disparaître, ces deux mots s'accordent depuis des éternités. Et ce n'est que là où il y a des tombeaux qu'il y a des résurrections. » ■

FRIEDRICH NIETZSCHE

« Je crois que ceux-là qui ont prié devant la mer seront bénis par Celui qui a créé la mer. » ■

XAVIER GRALL

« Je me suis donc arrêté là pour prendre la route et la mer et pour interroger le monde dans les yeux. » ■

LANZA DEL VASTO

« Ma tête roule à l'Océan et c'est une tête de pierre. Recueillez le sang du couchant. Recueillez l'or de la prière... » ■

MAX JACOB

« Si tu vas au bout du monde,
tu trouveras la trace de Dieu,
si tu vas au bout de toi-même,
tu trouveras Dieu lui-même. » ■

MADELEINE DELBRÊL

« Où toutes les routes finissent commence l'autre voyage. » ■

CHRISTIANE SINGER

Saintes navigations

Parmi toutes les légendes rapportées dans ce livre, celle-ci est la seule à concerner l'apôtre Jacques de son vivant : pendant dix ans, après la résurrection de Jésus, il annonça l'Évangile avant d'être décapité sur l'ordre d'Hérode. Envoyés en mission par Jésus, les apôtres se dispersèrent dans le monde entier et Jacques serait alors allé en Europe : « Jacques, fils de Zébédée, prêcha l'Évangile en Espagne et dans les contrées occidentales, et versa la lumière de la prédication au coucher du monde. » Au cours de cette mission, la Vierge Marie lui apparut à bord d'une barque pour le visiter et l'encourager. Le souvenir de cette scène est présent à Nostra Señora de la Barca, à Muxia.

C'est également « dans une barque de pierre sans voile ni gouvernail » ou « dans un frêle esquif » que les disciples auraient rapporté le corps de saint Jacques, après sa mort, de Jérusalem en Galice. Au cours de ce voyage appelé « translation » eurent lieu plusieurs miracles, et l'on dit que Dieu lui-même conduisait le bateau : « La main du Seigneur tenant le gouvernail, son corps a été transféré là [à Padrón] par un radeau et enseveli [à Compostelle] » (lettre d'Alphonse III, roi des Asturies, datée de 906). ■

Chapitre 20

Le cheminement après le Chemin

« Il n'en finit pas, le chemin.
Il est en moi, je suis en lui.
Il s'efface quand je le fuis.
Je crois le suivre, il me dépasse. »

MARC BARON

🐚 Au retour commence la troisième partie du pèlerinage : et il est communément admis que l'on revient toujours trop tôt, ou du moins trop vite... Autrefois, les pèlerins rentraient chez eux à pied, de la même manière qu'ils s'étaient rendus dans la ville de l'Apôtre. Cette démarche est bien rare aujourd'hui, car le voyageur, assailli de contraintes, se laisse happer par les exigences de son calendrier. En revanche, tous les jacquets qui ont connu cette phase délicate donnent un précieux conseil : pour ménager une transition entre la lente cadence du Chemin et le rythme effréné du quotidien, il est préférable de laisser l'avion aux hommes d'affaires et de choisir le train ou, mieux encore, le bateau. On adoucira ainsi le « décalage "existentiel"[1] » qui ne manquera pas d'apparaître quelques heures après le retour.

Puis il faut progressivement reprendre pied dans la vie. Certains éprouvent le besoin de se retrouver entre pèlerins, dans les associations jacquaires ou dans les confréries*, pour effectuer une relecture de la route parcourue[2]. L'itinéraire devient itinérance, et le chemin se fait cheminement. Jour après jour, les étapes

---

1. Luc Adrian, *Compostelle. Carnet de route d'un pèlerin*, op. cit., p. 275.
2. Voir l'annexe 2, en fin d'ouvrage.

Chapitre 20 Le cheminement après le Chemin

Bâton de la confrérie de saint Jacques. Église Saint-Julien d'Azille (Aude), XVIIIᵉ siècle.

vécues pendant le pèlerinage sont transposées dans l'existence : les valeurs retrouvées (l'hospitalité, l'amitié, l'effort, l'espérance, etc.) illuminent le quotidien, et les souffrances éprouvées dans le corps aident à calmer les tempêtes de l'âme.

Oh, bien sûr, le bouleversement n'est pas immédiat, ni radical ! Car le pèlerin ramène généralement peu de réponses aux questions qui l'avaient entraîné sur la route. La transformation se traduit plutôt par une lente maturation qui modifie peu à peu le relief de sa vie. « Dans la trame du chemin, remarque un sociologue, il

faut essayer de retrouver le fil de l'existence[1]. »
Chaque événement acquiert alors un *sens* (à la fois signification et direction) parce qu'il s'insère dans une continuité, tout comme les pas ne font avancer que lorsqu'ils s'ajoutent les uns aux autres. Les instants, reliés par le cours du cheminement, s'éclairent mutuellement : les joies aident à supporter les épreuves, qui sont elles-mêmes ressenties comme des passages nécessaires.

Du coup, la vie devient plus exigeante, mais plus légère aussi. Comme son sac qu'il a délesté du superflu, le pèlerin élague de son ordinaire ce qui l'encombrait inutilement. Car une seule chose importe, en réalité, sur la route comme dans l'existence : c'est de progresser pour arriver au but. Sur ce sujet, la pérégrination vers Compostelle est une merveilleuse parabole. Mais elle est plus encore. Elle réveille, par l'expérimentation de la marche tendue vers une finalité, l'essence même de l'*homo viator*. Le livre que tient l'Apôtre est celui de notre destinée, et son Chemin n'est autre que le pèlerinage de la vie. À chacun d'écrire sur ces pages son histoire, et de tracer pas à pas son sillon dans le paysage changeant des jours qui se succèdent... ■

---

1. David Le Breton, *Éloge de la marche*, Métailié, 2001, p. 166.

Chapitre 20 Le cheminement après le Chemin

« Bruno me présente un de ses jeunes cousins de 20 ans, Romain, qui conclut ainsi nos quelques minutes de conversation : "Vous, les pèlerins, vous êtes vraiment décalés !"

Sans doute a-t-il raison. Le pèlerin n'est-il pas quelqu'un qui remet les choses en cause ? Il ne se satisfait pas de sa condition et se met en rupture. Peut-être sa recherche est-elle confuse, difficile à formuler. Traverser l'espace à pied en portant son nécessaire sur son dos, c'est se mettre en décalage anachronique par rapport au milieu ambiant qui ne vit que par les *homo automobilicus*. Quand nous reprenons le pouvoir en nous réappropriant nos jambes, nous devenons déviants.

Ce qui serait formidable, c'est que notre "déviance" puisse se continuer après le retour du pèlerinage. C'est sans doute cela le plus difficile. Le pèlerinage ne commence-t-il pas vraiment en se terminant, quand on arrive au but fixé ? Il reste alors tout à faire. Combien d'entre nous seront capables de garder la déviance dans leur vie quotidienne, une fois de retour chez eux ? Quel impact le pèlerinage aura-t-il après quelques mois, quelques années ? Garderons-nous des options qui nous engagent et qui nous poussent au questionnement ? Dans le retour au confort, tout se dilue si facilement. Le pèlerin restera-t-il le sel de la terre ? » ■

(Maryvonne et Bruno Robineau, *Compostelle en famille*, Opéra, 2005, p. 50-51.)

Gilbert Mosser
(président de l'Association des Amis
de Saint-Jacques d'Alsace, auteur)

 — *Comment avez-vous vécu votre retour de Compostelle ?*

— Depuis que je suis revenu, j'ai conscience de vivre dans la troisième partie du pèlerinage. Le fait d'avoir été seul, confronté aux aléas de la marche quotidienne et des éléments contraires m'a façonné. Le changement est à la fois subtil et énorme. Ma vie est devenue plus simple et plus lumineuse. Une grande confiance m'habite car je sais maintenant que je suis guidé «gratuitement» par Dieu. Un sentiment de force inépuisable me permet d'affronter des situations parfois complexes. C'est comme quand on marche sur un fil, sans la moindre crainte de tomber.

— *Qu'est-ce qui a précisément changé ?*

— Je me sens davantage présent, actif, relié aux autres. Face aux contrariétés, je reste plus calme. J'utilise l'humour, non pour accabler, mais pour dédramatiser, détendre l'atmosphère. Je ne cherche plus à avoir raison à tout prix. Quand quelqu'un s'énerve, je garde une attitude positive d'attente, je laisse couler le flot et j'essaie de trouver un geste ou un mot d'apaisement. Je me sens de moins en moins découragé. À l'image du pèlerin, je suis davantage libre, attentif, en harmonie. C'est troublant pour moi de vous dire tout cela, mais c'est bien ce que je vis désormais !

Chapitre 20 Le cheminement après le Chemin

— *D'où vient cette énergie dont vous parlez ?*
— De la prière murmurée lors de la marche en des lieux précis. Nous étions quatre à marcher, et avec mon épouse, Marie-Odile, nous nous étions fixé chaque jour une heure où nous étions en communication et en communion avec ceux restés à la maison, dont un enfant malade incurable. Chaque fois, une énergie se libérait, le calme survenait, une confiance inébranlable et joyeuse était offerte.

— *Quels conseils donneriez-vous à un pèlerin qui revient chez lui ?*
— Je lui conseillerais, dans un premier temps, d'en dire le moins possible, de respirer lentement, avec jubilation, et de ruminer tout ce qu'il a vécu durant cette exceptionnelle aventure intérieure et physique, afin de laisser transparaître cette transformation qui continue de s'accomplir en lui. Puis, dans un deuxième temps, de témoigner, de raconter ce qu'il a vécu, avec joie et pudeur aussi. Le pèlerin qui s'est laissé transformer sur le Chemin a la belle volonté, à son retour, de s'investir pour aider autrui parce qu'il est porteur d'une énergie nouvelle. ∎

Le chemin de la Bible

 Psaume 118 (59). J'examine la voie que j'ai prise : mes pas me ramènent à tes exigences.

Évangile selon saint Luc (24, 44-48). Jésus leur dit : « Voici les paroles que je vous ai adressées quand j'étais encore avec vous : il faut que s'accomplisse tout ce qui a été écrit de moi dans la Loi de Moïse, les prophètes et les Psaumes. » Alors il leur ouvrit l'intelligence pour comprendre les Écritures et leur dit : « C'est comme il a été écrit : le Christ souffrira et ressuscitera des morts le troisième jour, et on prêchera en son nom la conversion et le pardon des péchés à toutes les nations, à commencer par Jérusalem. »

Le retour est parfois périlleux. Je viens à peine de vivre une aventure difficile et exaltante et voilà les retrouvailles avec la vie ordinaire...

Maintenant, puis-je comprendre pourquoi je devais faire le Chemin ? Ne dois-je pas m'interroger à ce propos ? Quel sens peut être trouvé à ces efforts physiques, à ces rencontres, aux paroles reçues ou données ? Comment est-ce que je permets à mon intelligence de « s'ouvrir » ? Si le pèlerinage continue à m'habiter, ne fera-t-il pas en moi son chemin ? L'Absolu n'est-il pas toujours au-delà ?

Chapitre 20 Le cheminement après le Chemin

 Les Sept Saints fondateurs de la Bretagne (Vᵉ-VIIᵉ siècle). Venus du pays de Galles, Tugdual, Brieuc, Samson, Paul Aurélien et Malo se joindront à Corentin, de Quimper, et Patern, de Vannes, pour évangéliser l'Armorique. Leur exil résulte donc d'un choix volontaire : ils sont « pèlerins pour l'amour de Dieu ». Poussé par le souffle du Saint-Esprit, leur navire se laissera voguer au gré des flots jusqu'à ce qu'il rencontre une terre. Il s'agit, pour ces moines celtes venus de la Bretagne insulaire, d'accomplir leur vocation en remettant leur destinée aux mains de la Providence. La *peregrinatio pro Deo*, qui est l'une des composantes principales du christianisme celtique, incarne le pèlerinage au cœur même de la vie. ∎

« Lorsque vous serez revenu chez vous, dites-vous que vous serez encore sur ce chemin, et que vous y serez désormais toujours, car c'est un chemin qui ne connaît pas de fin. Sachez-le et ne l'oubliez jamais. » ∎

PADRE JOSÉ MARIA MAROQUIN

« Cherchons comme cherchent ceux qui doivent trouver et trouvons comme trouvent ceux qui doivent chercher encore. » ∎

SAINT AUGUSTIN

Le chemin des hommes

« Il faut ajouter de la vie aux jours quand on ne peut plus ajouter de jours à la vie. » ■

PR. JEAN BERNARD

« Il nous reste le chemin étroit et parfois presque introuvable de celui qui reçoit chacune de ses journées comme la dernière et qui vit malgré tout, par sa foi et sa responsabilité, comme s'il avait un long avenir. » ■

DIETRICH BONHOEFFER

« Ne permets pas aux événements de la vie quotidienne de t'enchaîner. Mais ne te soustrais jamais à eux. » ■

HUANG-PO, MOINE ZEN DU VIe SIÈCLE

« Si nous considérons notre vie dans son rapport au monde, il nous faut résister à ce qu'on prétend faire de nous, refuser tout ce qui se présente – rôles, identités, fonctions – et surtout ne jamais rien céder quant à notre solitude et à notre silence. Si nous considérons notre vie dans son rapport à l'éternel, il nous faut lâcher prise et accueillir ce qui vient, sans rien garder en propre. D'un côté tout rejeter, de l'autre consentir à tout : ce double mouvement ne peut être réalisé que dans l'amour… » ■

CHRISTIAN BOBIN

« Homme, le Seigneur t'a fait savoir ce qui est bien, ce qu'il réclame de toi : rien d'autre que de pratiquer la justice, aimer la miséricorde, et marcher humblement avec ton Dieu. » ■

LIVRE DE MICHÉE 6, 8

L'or de l'alchimiste

Nicolas Flamel (1340-1418) était un libraire parisien qui vécut dans la période sombre de la guerre de Cent Ans et de la peste noire. Sa grande fortune, qui lui venait en partie de sa femme et en partie de spéculations immobilières judicieuses, lui valut la réputation (vraie ou fausse) d'être un alchimiste de renom. Il finança la construction et la réfection de nombreux édifices religieux, notamment l'église Saint-Jacques-de-la-Boucherie d'où il partit pour Compostelle en 1379. La légende raconte qu'il emportait avec lui la copie d'un manuscrit appelé le *Livre d'Abraham le Juif, prince, prêtre lévite, astrologue et philosophe*, contenant des enluminures qu'il tentait, depuis vingt ans, d'interpréter. Son pèlerinage se doublait donc d'un voyage initiatique. À León, il rencontra un savant juif, maître Canches; celui-ci manifesta une grande émotion à la vue des feuillets. Ils repartirent ensemble par la mer jusqu'à Orléans où maître Canches mourut peu après. On dit qu'en 1382, Nicolas fabriqua la pierre philosophale et réalisa la transmutation du plomb en or. Cette histoire nous enseigne qu'au terme de notre pèlerinage, transformés par cette expérience, nous pouvons réaliser l'alchimie de notre vie et changer le plomb de notre quotidien en pépites d'or… ∎

À lire sous les étoiles

S'il fallait résumer l'esprit du Chemin ? Ces quelques phrases en sont une esquisse.

Écoute ton cœur. Pars avec tes questions. Pars malgré tes peurs. ■

Donne un sens à ta route. ■

Ne demande pas : « Pourquoi fais-tu le Chemin ? » ■

Ne planifie pas, lâche prise, reste ouvert ! ■

Accepte les cadeaux de l'imprévu. ■

Ose marcher seul. ■

Laisse couler les larmes. ■

Ne repousse pas celui qui t'invite gratuitement. ■

Même seul, parle, chante, prie. ■

Cherche tes réponses dans l'odeur de fraternité et de terre mouillée. ■

Le silence est un cadeau pour celui qui sait l'écouter. ■

Un pèlerin qui fait bien son sac est un pèlerin qui le vide. ■

Le chemin le plus court n'est pas le plus direct. ■

L'esprit mendiant, c'est accepter de recevoir de l'autre. ■

Un pèlerinage qui s'achève, c'est un chemin qui s'ouvre... ■

*... et pour chacun quelques pages blanches
à remplir « au fil du Chemin ».*

Au fil du Chemin ...

Au fil du Chemin...

Au fil du Chemin...

Guide pratique

1. Accueils, hébergements et offices chrétiens
2. Le vade-mecum du jacquet
3. Prières pour le Chemin
4. Lexique
5. Bibliographie et discographie

1.
Accueils, hébergements et offices chrétiens

Les accueils chrétiens qui jalonnent le chemin de Saint-Jacques (abbayes, presbytères, communautés laïques ou religieuses, familles) sont complémentaires des autres hébergements (gîtes d'étape, chambres d'hôtes, hôtels, campings, etc.). Ces lieux, qui pratiquent généralement le *donativo* («libre participation aux frais»), offrent le gîte et parfois le couvert sur présentation de la *credencial* ou de la créanciale.

La liste d'adresses ici proposée par Webcompostella n'est pas exhaustive, et ne concerne que les voies du Puy-en-Velay et du Piémont pyrénéen pour la France, ainsi que le *Camino aragonés*, le *Camino navarro* et le *Camino francés* pour l'Espagne. Les éditions ultérieures de ce guide tiendront compte de l'évolution de ce réseau, qui s'étend peu à peu aux autres voies[1].

---

1. Cette liste fait l'objet d'une mise à jour régulière, mais les renseignements sont donnés sous réserve de modifications. Merci de nous transmettre vos éventuelles remarques.

Guide pratique

Webcompostella et webhospitaliers

Sur son site Internet, l'association Webcompostella présente les lieux d'accueils où le pèlerin peut être reçu, dans un esprit de partage et de fraternité, pour un moment d'échange ou pour un temps d'hospitalité. Des reportages complètent cette approche spirituelle du pèlerinage, et le forum apporte des réponses à ceux qui souhaitent s'informer avant ou après leur pérégrination. Webcompostella édite également plusieurs guides de haltes jacquaires proposés en *donativo* et coordonne un réseau de « webhospitaliers » qui peuvent être contactés par l'intermédiaire du site.
Site : www.webcompostella.com
E-mail : contact@webcompostella.com

Légende des symboles utilisés :

Accueil « Communion hospitalière » (accueil signataire d'une charte de l'hospitalité)

 Halte mariale

 Rencontre avec un prêtre et confession

Messe

 Bénédiction des pèlerins

 Remise de la créanciale

 Hébergement avec lieu de prière

 Participation à des offices ou des prières communautaires

 Accueils divers

Les hébergements précédés d'un astérisque (*) sont en participation libre aux frais.

FRANCE

1. VOIE DU PUY-EN-VELAY
(Du Puy-en-Velay à Saint-Jean-Pied-de-Port)

Haute-Loire (43)

LE PUY-EN-VELAY (43000)

Cathédrale :
Tél. : 04 71 09 79 77.
E-mail : contact@cathedraledupuy.org
– Messe (suivie de la bénédiction des pèlerins) : 7 h (sauf les samedis et dimanches du 1er novembre au 31 mars).
– Confessions : tous les jours de 17h30 à 19 h.
– Remise de la créanciale : après la messe et aux heures d'ouverture de la sacristie.

Saint-Michel-d'Aiguilhe :
Tél. : 04 71 02 28 21 ou 04 71 09 50 03.
– Accueil : rencontre avec le père Roger Martin, recteur du sanctuaire, les lundi, mercredi et vendredi à partir de 16h30.
– Messe : 18h15 tous les jours de Pâques à octobre, sauf les samedi et dimanche.

Direction des Pèlerinages :
4 bis, rue Saint-Georges.
E-mail : ddp.lepuy@wanadoo.fr
– Remise de la créanciale : de 17h30 à 19 h (en juillet et août).

Relais du Pèlerin de Saint-Jacques :
28, rue du Cardinal-de-Polignac.
Tél. : 06 37 08 65 83.
– *Hébergement : accueil par des hospitaliers. Petit déjeuner servi le matin. Ouverture à 15 h, départ le matin avant 9 h.
Ouvert du 15 mars au 15 octobre.

Guide pratique

Relais Notre-Dame :
29, rue du Cardinal-de-Polignac.
– Accueil : verre de l'amitié, tous les jours à 18 h, du 1er avril au 1er octobre, assuré par d'anciens pèlerins.

Maison Saint-François :
6, rue Saint-Mayol.
Tél. : 04 71 05 98 86.
Fax : 04 71 05 98 87.
E-mail : gite.stfrancois@wanadoo.fr
– Hébergement : 19 places. Nuitée + petit déjeuner : 16 €. Repas du soir seulement : 10 €.
– Temps de prière avec les sœurs franciscaines 3 fois par semaine, de 20h45 à 21h15.

Accueil Saint-Georges :
Grand Séminaire.
4, rue Saint-Georges.
Tél. : 04 71 09 93 10.
– Hébergement : jusqu'à 200 personnes.

Sœurs apostoliques de Saint-Jean :
1, rue de la Visitation.
E-mail : sr.puy@stjean.com
– Offices communautaires : adoration du Saint-Sacrement de 17h45 à 18h45 (le lundi de 16 h à 20 h, le jeudi de 18h30 à 21 h), vêpres à 18h45.

SAINT-PRIVAT-D'ALLIER (43580)
– Accueil : par Marie et Jean-Marc Lucien.
Chemin du Bonheur.
Le Bourg.
Tél. : 04 71 57 21 56.
E-mail : jmlucien@accueilstprivat.com
Site : www.accueilstprivat.com
– *Hébergement : 12 places. Repas du soir et petit déjeuner en famille. Oratoire dans la maison. Langues parlées : anglais,

1. Accueils, hébergements et offices chrétiens

allemand et russe. Le dimanche, messe à 11 h et liturgie de la Parole pour les pèlerins à 7h30. Informations et guides des haltes de prières à disposition des pèlerins.

MONISTROL-D'ALLIER (43580)
– Messe : certains samedis à 18 h. Renseignements au presbytère de Saugues.

SAUGUES (43170)
– Accueil : de Pâques à la Toussaint, tous les jours, permanence de 17 h à 18h30 à l'église collégiale Saint-Médard. Délivrance de la créanciale et rencontre avec un membre de la communauté paroissiale.
– Sur demande, il est possible de visiter la chapelle des Pénitents.
– Messe : tous les jours, messe ou prière eucharistique à 18h30 à la chapelle Notre-Dame ; le dimanche, messe à 11 h à l'église collégiale et à 9h30 à Grèzes ; en été, messe et accueil à la Maison Saint-Bénilde par les frères des Écoles Chrétiennes.

Lozère (48)

CHAPELLE SAINT-ROCH (48120)
(avant Saint-Alban-sur-Limagnole)
– Accueil : par des paroissiens, de début juillet au 15 septembre, de 14 h à 18 h.

SAINT-ALBAN-SUR-LIMAGNOLE (48120)
– Accueil : par Jean-Marc et Françoise Connan.
37, Grande-Rue.
Tél. : 04 66 45 74 33.
E-mail : rai.connan@orange.fr
– *Hébergement : 8 à 10 places. Ouvert toute l'année.
– Messe : à l'église, du lundi au vendredi à 18h15, le samedi à 20h30, le dimanche à 10h30.

Guide pratique

AUMONT-AUBRAC (48130)
Tél. : 04 66 42 81 62 (père Robert).
– Accueil : par des paroissiens devant l'église de juillet à août de 14h30 à 18h30, temps de prière à l'église les mercredi et jeudi de 18 h à 18h15.
– Messe : pendant l'année, un samedi par mois à 18 h, et l'été, tous les samedis à 20h30 ; le dimanche à 11 h (horaires susceptibles d'être modifiés).

NASBINALS (48260)
– Messe : tous les jours à 8 h, le dimanche à 10h30 (11 h de décembre à juin).

Aveyron (12)

AUBRAC (12470)
Tél. : 06 37 75 59 51.
– *Hébergement sommaire (pour pèlerins uniquement) : La Grange.

NOTRE-DAME-DE-BONNEVAL (12500)

– Accueil : par les sœurs cisterciennes.
À partir d'Aubrac, chemin balisé en bleu ciel.
Tél. : 05 65 44 01 22 ou 05 65 44 48 83.
E-mail : soeur.brigitte@abbaye-bonneval.com
Site : www.abbaye-bonneval.com
– *Hébergement : 6 places. Repas du soir, petit déjeuner. Hébergement assuré par un hospitalier en juillet et août (le reste de l'année, appeler avant).
– Messe : tous les jours à 7h30 (sauf le dimanche à 11 h).
– Offices communautaires : laudes à 7h30, vêpres à 17h30, complies à 19h45.

1. Accueils, hébergements et offices chrétiens

SAINT-CÔME-D'OLT (12500)

– Accueil, offices communautaires : Espace-rencontre Angèle-Merici (sœurs ursulines).
Couvent du Malet.
Tél. : 05 65 51 03 20.
E-mail : usam.malet@wanadoo.fr
– *Hébergement : 50 places en chambres de 2 à 3 lits. Repas du pèlerin à 19h15. Petit déjeuner.
– Messe : les 1er et 3e dimanches du mois à 11 h à l'église de Saint-Côme-d'Olt.

ESPALION (12500)

– Accueil : chapelle des Pénitents. Visa des créanciales.
– Messe : les mardi, mercredi, jeudi et vendredi à 18 h à la chapelle du presbytère ; le samedi à 19 h à l'église (19h30 en juillet et août) ; tous les dimanches à 10h30 à l'église.

ESTAING (12190)

– Accueil : Hospitalité Saint-Jacques (communauté catholique reconnue « association de fidèles »).
8, rue du Collège.
Tél. : 05 65 44 19 00.
– *Hébergement : repas pris avec la communauté, couchage en dortoirs.
– Offices communautaires : laudes à 7h15 en semaine (le dimanche à 7h45), complies à 21h30, chapelet à 14 h (sauf les dimanche et vendredi), adoration du Saint-Sacrement le vendredi à 14 h.
– Messe (suivie de la bénédiction des pèlerins) : à l'église paroissiale les 2e et 4e dimanches du mois à 11 h.

Guide pratique

ESPEYRAC (12140)

– Accueil : au Soulié de Saint-Jacques. Hameau du Soulié.
Tél. : 05 65 72 90 18 ou 06 80 00 32 52.
E-mail : mroudil@yahoo.fr
– *Hébergement : 11 places. Les hospitaliers assurent le repas du soir et le petit déjeuner. Point Internet. Chapelle sur le terrain.

CONQUES (12320)

– Accueil : par les chanoines réguliers de l'ordre des Prémontrés. Hôtellerie Accueil Sainte-Foy.
Tél. : 05 65 69 85 12.
E-mail : accueil-conques@mondaye.com
Site : www.mondaye.com
– Hébergement : en petits dortoirs et en chambres. Repas du soir et petit déjeuner.
– Messe : 8 h en semaine, 11 h le dimanche (messe dominicale anticipée à 21 h en saison).
– Bénédiction des pèlerins : à l'issue de l'office des complies.
– Offices communautaires : laudes à 7h30 (sauf le lundi), vêpres à 18h30 (sauf le lundi), complies à 20h30 suivies d'une découverte du tympan et d'une audition d'orgue.

LIVINHAC (12300)

– Accueil : Corinne la Pèlerine.
Le Dioscore – L'ancien couvent.
Bégot-de-Saint-Roch
(après Decazeville, 1 km avant Livinhac).
Tél. : 05 65 64 82 14.
E-mail : dioscore@free.fr
– *Hébergement : 6 lits en 2 chambres – 29 € en demi-pension bio. Repas du soir et petit déjeuner.
Ouvert du 15 avril au 15 octobre.

1. Accueils, hébergements et offices chrétiens

LIVINHAC-LE-HAUT (12300)
– Accueil : tous les jours de 16h30 à 18h30, à l'ancien presbytère, pour un temps de partage avec une équipe de paroissiens.
– Messe : tous les jours au couvent de la Sainte-Famille (180, rue du Couvent), du lundi au vendredi à 18 h, le samedi à 11 h, le dimanche à 9 h ; vêpres à 18 h.

Lot [voie directe] (46)

MONTREDON (46270)
– Accueil paroissial derrière l'église tous les jours de 9 h à 19 h ; boissons et collation en libre participation.
– Messe : habituellement à 9 h les lundi, mardi et mercredi à l'église, le jeudi à la chapelle Notre-Dame-de-la-Pitié.
– Informations sur les haltes et accueils chrétiens :
Véronique et Frédéric Philip.
La Mariotte – lieu-dit Lacoste.
Tél. : 05 65 34 38 20.

FIGEAC (46100)

– Accueil : par des pèlerins et membres de la communauté paroissiale à l'église Saint-Sauveur.
– *Hébergement : par les sœurs carmélites, 7 av. Jean-Jaurès. Dortoir 8 places. Repas avec un hospitalier. Ouvert en juillet et août.
– *Hébergement : chez Jean-Michel Péricard, dans le centre médiéval, à deux pas du musée Champollion.
Tél. : 06 05 10 96 59.
15 lits, 3 douches et 3 WC. Cuisine à disposition des pèlerins. Possibilité de repas du soir et petit déjeuner.
– Messe : au carmel, tous les jours à 8 h ;
à l'église Saint-Sauveur, du lundi au vendredi à 18h30, le dimanche à 10h30 ;
à l'église Notre-Dame-du-Puy, le samedi à 18h30.

Guide pratique

FAYCELLES / BEDUER (46100)
– Messe : les 2ᵉ et 4ᵉ dimanches du mois à 10h30 à Faycelles, les 1ᵉʳ et 3ᵉ dimanches à 10h30 à Beduer. Rencontres possibles avec un prêtre (tél. : 05 65 34 53 58).

CAJARC (46160)
– Accueil : à l'église les jeudi, vendredi et samedi de 17h30 à 18h30.
– Messe : les mardi et vendredi à 18h30, le dimanche à 11 h.

LIMOGNE-EN-QUERCY (46260)
– Messe : habituellement tous les jours ; en semaine à 18 h à l'oratoire du presbytère, le dimanche à 11 h à l'église.

VAYLATS (46230)
– Accueil : par les sœurs de la communauté.
Communauté des sœurs Filles de Jésus.
Lalbenque.
Tél. : 05 65 31 63 51.
E-mail : filles.de.jesus@wanadoo.fr
– Hébergement : téléphoner à l'avance. Chambres de 1 à 4 lits, se munir d'un sac de couchage. Demi-pension (dîner, nuitée, petit déjeuner) : 21 € (l'hiver, 24 € avec chauffage).
Ouvert toute l'année.
– Messe : au couvent, du lundi au samedi à 17h30, le mercredi à 11h30.
– Offices communautaires : laudes à 8 h et vêpres à 18 h.

LALBENQUE (46230)
– Messe : les mardi et vendredi à 18h30.

CAHORS (46000)
Cathédrale :
– Accueil : par les membres de la communauté paroissiale tous les jours de mai à septembre de 16 h à 19 h.

1. Accueils, hébergements et offices chrétiens

– Messe : à la cathédrale tous les jours du lundi au vendredi à 18 h ; à l'hôpital le samedi à 17 h ; à Saint-Barthélémy le samedi à 18 h 30. Confessions le samedi de 9 h à 11 h.
– Bénédiction des pèlerins : à l'issue de la messe à la cathédrale.

Foyer des jeunes :
129, rue Fondue-Haute.
Tél. : 05 65 35 29 32.
E-mail : fraisse.md@wanadoo.fr

Alain et Marika Houadec :
158, rue des Cayssines.
Tél. : 05 65 30 03 06 ou 06 21 10 63 61.
E-mail : marika.houadec@live.fr
– Hébergement : 1 chambre 2 personnes et 2 chambres 4 personnes. Possibilité de faire la cuisine. Possibilité de temps de partage et de prière.
Ouvert d'avril à octobre.

LASCABANES (46800)
– Accueil : par le père Jean-Jacques Kerveillant, prêtre de la Mission de France, ermite, qui s'est installé sur la route pour être « veilleur du Chemin ». Possibilité de le rencontrer de préférence à partir de 17 h.
– Messe : tous les jours à 18 h, avec lavement des pieds en signe d'hospitalité ; de Pâques à la Toussaint, dans l'église ; de la Toussaint à Pâques, dans l'ermitage du père.
– Remise de la créanciale tous les jours.
– Bénédiction des pèlerins : à la fin de la messe.
– Possibilité de confier des intentions de prières aux sœurs dominicaines contemplatives d'Escayrac (voir informations à l'église).

MONTCUQ (46800)
– Accueil : toute la saison en fonction de la disponibilité des animateurs, tous les jours à 18 h (informations sur la porte de l'église).
– Messe : à l'église Saint-Privat à 18 h.

Guide pratique

Lot [variante par Rocamadour] (46)

LACAPELLE-MARIVAL (46120)
– Messe : habituellement à 18 h à l'église ; les mardi et samedi à la maison de retraite La Miséricorde à 17 h.

GRAMAT (46500)
Centre d'accueil des 4 Horizons :

Communauté des sœurs Notre-Dame-du-Calvaire.
– Accueil : par les religieuses.
Tél. : 05 65 38 76 91.
– *Hébergement : petit dortoir, cuisine à disposition.
– Prières et messe : avec la communauté.

Paroisse :
Abbé Jean-Pierre Rigal.
Béthanie.
Rue Saint-Félix.
Tél. : 05 65 38 73 19 ou 05 65 38 73 29.
– *Hébergement : cuisine, douche, 1 chambre à 1 lit. Possibilité de couchage salle des catéchismes.
– Messe : du mardi au vendredi à 17h30 dans la sacristie de la paroisse ; le samedi, messe anticipée à 18 h au couvent ; le dimanche à 11 h à l'église.

ROCAMADOUR (46500)

Lou Cantou :
Communauté des sœurs de Notre-Dame-du-Calvaire.
Rue de la Mercerie.
Tél. : 05 65 33 73 69
(contact : sœur Marie-Renée ou sœur Andrée-Marie).
– *Hébergement : cuisine à disposition, apporter ses provisions (épicerie à 20 mn de marche).
– Offices communautaires : vêpres à 18h45.

1. Accueils, hébergements et offices chrétiens

Paroisse :
– Rencontre avec un prêtre : tous les jours et sur demande (Tél. : 05 65 14 10 59 ou 06 18 99 38 82).
– Messe (suivie de la bénédiction des pèlerins) : tous les jours à la basilique à 11 h.

LABASTIDE-MURAT (46240)
– Messe : tous les dimanches à l'église à 11 h.

Tarn-et-Garonne (reprise de la voie directe, après Cahors) (82)

LAUZERTE (82110)
– Accueil : par Michel et Bernadette Reversat.
Chemin de Coudonnié.
Tél. : 05 63 94 61 29.
E-mail : michel.reversat@wanadoo.fr
– *Hébergement : dîner et petit déjeuner en famille, partage des tâches ménagères.
– Messe (suivie de la bénédiction des pèlerins) : en juillet et août, tous les soirs en semaine à 18 h, le dimanche à 11 h.

MOISSAC (82200)
Communauté Marie Mère de l'Église :

Prieuré.
20, bd Camille-Delthil.
Tél. : 05 63 32 28 87.
E-mail : marie.meredeleglise@free.fr
– Accueil : par les membres de la communauté. Possibilité de visite de l'abbatiale avec une sœur de la communauté ou avec le père Sirgant (prendre contact).
– *Hébergement : cuisine à disposition, couchage 7 lits. Réservation possible (tél. de 10 h à 12 h, de 15 h à 17h45, de 19 h à 19h20). Accueil des pèlerins de 11h30 à 12 h et de 16 h à 17h45.

Guide pratique

– Offices communautaires : office des lectures à 6h20 (sauf le dimanche), milieu du jour à 12h15 (le dimanche en saison et tous les jours en hiver), complies à 20h30.

Abbatiale :
– Messe : en semaine à 18h30, le samedi à 19h30, le dimanche à 9h15 et 10h30, les jours de fête à 10h30.
– Offices communautaires : laudes à 8h30, vêpres à 18 h (les dimanches et jours de fête à 17h30).

Gers (32)

FLAMARENS (32340)
Xavier et Isabelle Ballenghien.
La Patte-d'Oie.
Tél. : 05 62 28 61 13.
E-mail : isabellexavier.ballenghien@wanadoo.fr
– *Hébergement : 6 places. Repas en famille et partage des tâches. Prière en famille. Possibilité d'accueil dans des familles hollandaises et anglaises.

MIRADOUX (32340)
Thérèse Fardo.
17, route de Valence
(à l'entrée du village, 1re maison à droite).
Tél. : 05 62 28 66 57 ou 06 74 65 89 58.
E-mail : therese.pause.verte@hotmail.fr
– *Hébergement : 8 places, repas, petit déjeuner. Emplacement pour les tentes, chevaux et ânes. Possibilité de bivouaquer. Accueil pour handicapés.
– Messe : à la paroisse le dimanche à 9h30, les 1er et 4e dimanches du mois.

1. Accueils, hébergements et offices chrétiens

LECTOURE (32700)

– Accueil : par l'équipe des prêtres et les chrétiens de la paroisse, et d'avril à septembre par des hospitaliers qui se relaient au presbytère.
Presbytère.
30, rue Nationale.
Tél. : 05 62 68 83 83.
– *Hébergement : 10 places en dortoir. Les groupes sont accueillis ailleurs. Repas pris en commun, cuisine préparée par les hospitaliers.
– Messe : à la cathédrale à 18 h tous les jours ; au carmel à 9 h le dimanche.
– Offices communautaires : au carmel, laudes à 7h30, vêpres à 17 h, complies à 20 h.

MONTRÉAL-DU-GERS (32250)
Joëlle Pfeiffer.
Gîte d'étape de Lasserre-le-Haut
(juste avant Montréal-du-Gers).
Tél. : 05 62 68 11 19 ou 06 34 38 41 56.
– *Hébergement : en dortoir. Cuisine possible. Participation libre sur présentation du guide des haltes de prières de Webcompostella. Possibilité de partager un temps de prière.

EAUZE (32800)
Pauline et Marcel.
Maison Béthanie.
34, av. de Sauboires.
Tél. : 06 75 83 75 00.
– *Hébergement : 8 places. Repas possible en commun. Cuisine disponible. Temps de prière le soir. Pas de réservation. L'hiver, prévenir à l'avance.
– Messe : le dimanche à 10h30 à la cathédrale d'Eauze ; le vendredi, tous les 15 jours, à la maison de retraite (en général, indiqué à l'entrée de la cathédrale) ; du lundi au vendredi à 18 h

et le dimanche à 11 h à la chapelle de l'hôpital de Nogaro, étape logique après Eauze.
– Offices communautaires : tous les jours (sauf avis contraire affiché à l'entrée de l'église), de mai à octobre, vêpres à la cathédrale à 17 h.

LANNE-SOUBIRAN (32110)
– Accueil : par Hubert Paris, diacre permanent, et la communauté paroissiale de Lanne-Soubiran.
Le Presbytère.
E-mail : huparis@mcom.fr
Ils proposent : une halte dans leur belle église du XVe siècle qui longe le GR® 65, quelques kilomètres après Nogaro ; un panier à «petits pains» de la Parole de Dieu ; des intentions de prières à échanger.

BARCELONNE-DU-GERS (32720)
– Messe : le samedi à 18 h.

Landes (40)

AIRE-SUR-L'ADOUR (40800)

Odile et André.
Hospitalet Saint-Jacques.
21, rue Félix-Despagnet.
Tél. : 05 58 03 26 22.
E-mail : hospitalet.saintjacques@hotmail.fr
– *Hébergement : 12 places pour les pèlerins à pied. Petit déjeuner possible. Cuisine à disposition pour le soir. Appel accepté la veille.
– Messe : tous les jours à 8 h 30 au carmel avec bénédiction des pèlerins ; le samedi à 18 h 30 à la cathédrale avec bénédiction des pèlerins ; le dimanche à 9 h au monastère Saint-Joseph (communauté du Chemin-Neuf).

1. Accueils, hébergements et offices chrétiens

– Bénédiction des pèlerins : à la cathédrale à 18 h tous les jours sauf le dimanche, rencontre possible avec un prêtre.
– Offices communautaires : à la cathédrale, du mardi au samedi de 7 h à 8 h, prière silencieuse et office du matin ; au monastère Saint-Joseph, laudes à 7h50, vêpres à 16h20 (sauf le dimanche à 17 h).
– Adoration du Saint-Sacrement : au monastère Saint-Joseph, l'été, tous les soirs de 18h30 à 19h30.
Tél. : 05 58 71 82 18.
E-mail : denisevincent@orange.fr

MIRAMONT-SENSACQ (40320)

– Accueil : en soirée, verre de l'amitié avec le père Roger et/ou ses proches voisins Philippe et Gilbert, au presbytère, salle Saint-Jacques-de-Compostelle.
Tél. : 05 58 79 90 78.
E-mail : roger.laguian@wanadoo.fr
– Messe : le dimanche à 10 h, en semaine à 18 h selon possibilités.
– Toutes les églises des paroisses situées sur le chemin (Pimbo, Miramont, Sensacq) sont ouvertes dans la journée.

Pyrénées-Atlantiques (64)

NAVARRENX (64190)

– Accueil : par la communauté paroissiale, chaque soir à l'église à 18 h. Temps de prière à l'issue duquel est donné un aperçu sur l'histoire de la ville, puis un pot de l'amitié.
Tél. : 05 59 38 95 27.
E-mail : cgd.lafee@tiscali.fr
– Messe : le samedi à 18h30 et le dimanche à 10h30.

UHART-MIXE (64120)

– Accueil, sacrement de réconciliation et messe : à la chapelle de Soyartz par le père Peninou.
Tél. : 05 59 65 74 35.
Possibilité de campement sous l'auvent de la chapelle.

Guide pratique

– Hébergement : Antoinette Duhalde Ostatua.
Gîte de l'Escargot.
Ostatua.
Tél. : 05 59 65 60 00.
E-mail : ostatua64@hotmail.com
Ouvert du 15 mars au 31 octobre.

SAINT-JEAN-PIED-DE-PORT (64220)

Accueil paroissial Kaserna.
43, rue d'Espagne.
Tél. : 05 59 37 65 17.
– *Hébergement : 12 places. Nuitée, repas et petit déjeuner. Pas de réservation. Ouvert de 14 h à 22 h, début avril à fin septembre.
– Messe : à l'église Notre-Dame-de-Saint-Jean-Pied-de-Port les lundi, mardi, mercredi, jeudi à 19 h, le vendredi à 17h30, le samedi à 19h30, le dimanche à 8h30 (en basque) et 11 h ; à l'église Notre-Dame-du-Bout-du-Pont en hiver à 18 h, en été à 18h30.

2. VOIE DU PIÉMONT PYRÉNÉEN
(de Narbonne et Carcassonne au col du Somport et à Saint-Jean-Pied-de-Port)

Aude (11)

LAGRASSE (11220)

– Accueil : par les chanoines réguliers de la Mère de Dieu.
Abbaye Sainte-Marie.
6, Rive-Gauche.
Tél. : 04 68 58 11 58.
Fax : 04 68 58 11 52.
E-mail : chanoines@chanoines-lagrasse.eu

1. Accueils, hébergements et offices chrétiens

– *Hébergement : 3 à 5 places à l'intérieur de la clôture, uniquement réservées aux hommes pour l'instant.
– Messe : en grégorien en semaine à 9h30, les dimanche et fêtes à 10h30.
– Offices communautaires : vêpres en grégorien à 18h30.

LADERN-SUR-LAUQUET (11250)

– Accueil : par les moniales cisterciennes.
Abbaye Sainte-Marie de Rieunette.
Tél. : 04 68 69 69 06.
E-mail : rieunette@free.fr
– *Hébergement : 3 à 5 places à l'hôtellerie du monastère. Repas du soir et petit déjeuner. Prévenir à l'avance.
– Messe et offices : informations sur place.

CARCASSONNE (11000)

Notre-Dame-de-l'Abbaye.
Maison diocésaine.
Tél. : 04 68 25 16 65.
E-mail : pelerins.nda@neuf.fr
– *Hébergement : 7 à 10 places. Repas du soir et petit déjeuner.
– Messe : informations sur place.

FANJEAUX (11270)

Monastère de Prouilhe :
Tél. : 04 68 11 22 62.
E-mail : accueil@prouilhe.com
– Accueil : par les sœurs dominicaines.
– *Hébergement : à l'hôtellerie du monastère. Repas du soir et petit déjeuner.
– Messe et offices : informations sur place.

Guide pratique

Couvent Saint-Dominique :
Rue du Four.
Tél. : 04 68 24 70 16.
– Accueil : par les sœurs dominicaines.
– *Hébergement : 30 places. Petit déjeuner. Possibilité de partager le repas du soir.
– Messe et offices : informations sur place.

Ariège (09)

MIREPOIX (09500)
– Accueil : Halte Saint-Jacques.
Tél. : 06 31 87 82 02.
– *Hébergement : dans plusieurs familles. 3 places. Repas du soir en famille et petit déjeuner. Partage des tâches ménagères. Prévenir à l'avance.
– Messe : le dimanche à la cathédrale à 11 h.

VALS (09500)
– Accueil : par Gilbert et Évangélina.
Halte Saint-Jacques.
« Le Château ».
Tél. : 05 61 68 65 39.
E-mail : evangelina.a@hotmail.fr
– *Hébergement : 9 places. Repas du soir en famille et petit déjeuner. Partage des tâches ménagères. Prévenir la veille.

LE CARLARET (09100)
– Accueil : par Pascal et Élisabeth.
Halte Saint-Jacques
(8 km avant Pamiers).
Tél. : 05 61 68 58 02.
– *Hébergement : 4 places. Repas du soir en famille et petit déjeuner. Partage des tâches ménagères. Prévenir à l'avance.

1. Accueils, hébergements et offices chrétiens

PAMIERS (09100)

– Accueil : par l'évêque et une équipe d'hospitaliers.
Halte Saint-Jacques.
Tél. : 06 64 32 16 09.
E-mail : rdlap@orange.fr
– *Hébergement : 9 places. Repas du soir et petit déjeuner. Partage des tâches ménagères.

LE MAS-D'AZIL (09290)

– Accueil : par le pasteur Bordes, à l'église réformée.
Halte Saint-Jacques.
Tél. : 05 61 69 90 46.
E-mail : erize@wanadoo.fr
– *Hébergement : 3 à 5 places. Prévenir à l'avance.
– Offices : informations sur place, ainsi que sur les « parcours Alpha » et « Après-pèlerinage ».

SAINT-LIZIER (09190)

– Accueil : Association jacquaire – Office du tourisme.
Halte Saint-Jacques.
Tél. : 05 61 96 77 77.
– *Hébergement : 5 places. Possibilité de faire la cuisine.

CASTILLON-EN-COUSERANS (09800)

– Accueil : Association jacquaire – Office du tourisme.
Halte Saint-Jacques.
Tél. : 05 61 96 72 64.
– *Hébergement : 2 places. Possibilité de faire la cuisine.

BUZAN (09800)

– Accueil : par Tatiana, ermite.
Halte Saint-Jacques.
Tél. : 05 61 04 71 18 (aux heures des repas).
– *Hébergement : 5 places. Repas du soir et petit déjeuner.

Guide pratique

Haute-Garonne (31)

SAINT-BERTRAND-DE-COMMINGES (31510)

– Accueil : par Marie Uchan.
Halte Saint-Jacques.
Tél. : 05 61 88 31 82 ou 06 79 79 70 65.
– *Hébergement : 3 places. Repas du soir et petit déjeuner en famille. Partage des tâches ménagères. Prévenir à l'avance.

Hautes-Pyrénées (65)

BAGNÈRES-DE-BIGORRE (65200)

– Accueil : Halte Saint-Jacques.
Accueil Notre-Dame.
24, rue Gambetta.
Tél. : 05 62 91 08 61 ou 06 82 74 28 31.
E-mail : abadieandre@aol.com
– Hébergement : 9 places. Coin cuisine, lave-linge. Participation aux frais : 5 €.

LOURDES (65100)

Halte Saint-Jacques :
Maison des Auxiliatrices
(contact . sœur Marie-Claude).
37, rue de Bagnères.
Tél. : 05 62 94 05 61.
E-mail : lachazemc@yahoo.fr
– Accueil et *hébergement : 9 places. Coin cuisine.
– Messe et offices : informations sur place.

1. Accueils, hébergements et offices chrétiens

Accueil jacquaire « La Ruche » : 🏠
Jean-Louis Doux. 21a, rue de Pau.
Tél. : 05 62 97 98 21 ou 06 24 99 01 21.
E-mail : jl.doux@club-internet.fr
– Accueil et *hébergement : 9 places. Repas du soir et petit déjeuner. Coin cuisine.

Pyrénées-Atlantiques (64)

LESTELLE-BÉTHARRAM (64800)

– Accueil : par les Pères de Bétharram.
Halte Saint-Jacques.
1, place Saint-Michel.
Tél. : 05 59 71 92 20.
– Hébergement : 20 places. Nuitée : 12 €, repas du soir : 8 €.
– Offices communautaires : vêpres et laudes avec les pères.

ASSON (64800)
– Accueil : par Laurence et Jean-Claude Loupy, à la paroisse.
Halte Saint-Jacques.
2, rue de la Bastide.
Tél. : 05 59 71 02 89.
– Hébergement : 3 places. Nuitée : 10 €. Coin cuisine. Petit déjeuner.

ARUDY (64260)
– Accueil : par le père Pierre Sallenave.
Halte Saint-Jacques.
Presbytère.
2, rue Baulong.
Tél. : 05 59 05 61 98.
E-mail : pierrs@orange.fr
– *Hébergement : 9 places. Repas pris en commun. Partage des tâches ménagères.

Guide pratique

OLORON-SAINTE-MARIE (64400)
– Accueil : par un hospitalier pour le compte de la mairie.
Halte Saint-Jacques.
Relais du Bastet.
12, place de la Résistance.
Tél. : 06 77 19 82 85.
E-mail : relaisdubastet@hotmail.fr
– Hébergement : 18 places. Possibilité de faire la cuisine.
Nuitée : 12,50 €.

HOPITAL SAINT-BLAISE (64130)
– Accueil : par un hospitalier pour le compte de la mairie.
Halte Saint-Jacques.
Tél. : 05 59 66 11 12.
E-mail : hopital-saint-blaise@wanadoo.fr
Site : www.hopital-saint-blaise.fr
– Hébergement : 8 places. Nuitée : 13 €. Possibilité de faire la cuisine. Distributeur de plats de dépannage.

MAULÉON-SOULE (64130)
– Accueil : par les Frères des Écoles Chrétiennes.
Halte Saint-Jacques.
Maison de retraite Aguerria.
3, rue Frère-Alban.
Tél. : 05 59 28 49 80.
– *Hébergement : 15 places. Repas du soir et petit déjeuner.
– Messe et offices : à la paroisse, informations sur place.
– À partir du 1er septembre, le relais est pris par la mairie.
Tél. : 05 59 28 18 67.

ACCOUS (64490)

– Accueil : Halte Saint-Jacques.
Abbaye des Prémontrés.
Tél. : 05 59 34 40 01.

1. Accueils, hébergements et offices chrétiens

E-mail : st-norbert-accous@mondaye.com
– *Hébergement : 5 places. Repas pris en commun.
– Messe et offices communautaires : informations sur place.

SAINT-JEAN-PIED-DE-PORT (64220)

Accueil paroissial Kaserna.
43, rue d'Espagne.
Tél. : 05 59 37 65 17.
– *Hébergement : 12 places. Nuitée, repas et petit déjeuner. Pas de réservation. Ouvert de 14 h à 22 h, début avril à fin septembre.
– Messe : à l'église Notre-Dame de Saint-Jean-Pied-de-Port les lundi, mardi, mercredi, jeudi à 19 h, le vendredi à 17 h 30, le samedi à 19 h 30, le dimanche à 8 h 30 (en basque) et 11 h ; à l'église Notre-Dame-du-Bout-du-Pont en hiver à 18 h, en été à 18 h 30.

Guide pratique

ESPAGNE

1. *CAMINO ARAGONÉS*
(de Jaca à Puente la Reina)

Aragón

JACA
– Messe : à 20 h à l'église Saint-Jacques.
– Bénédiction des pèlerins : à l'issue de la messe.

ARRÉS
– *Hébergement : gîte de 20 places. Ouvert toute l'année.
– Messe : à la paroisse à 18 h les dimanches d'été.
– Offices communautaires : les hospitaliers proposent en général une prière, le soir, dans l'église.

Navarre

EUNATE
– *Hébergement : petit gîte de pèlerins. Temps de prière le matin et le soir dans l'église, ouverte toute la journée.

PUENTE LA REINA
– *Hébergement : gîte dans le couvent des Padres Reparatores. 100 places.

2. *CAMINO NAVARRO*
(de Roncevaux à Obanos)

Navarre
RONCEVAUX
– Hébergement : gîte des chanoines de Roncevaux. Nuitée : 5 €.
– Messe : du lundi au vendredi à 20 h, les samedi et veille de fêtes à 18 h, les dimanches et fêtes à 8 h 30, 12 h et 18 h.
– Bénédiction des pèlerins : à l'issue de chaque messe.

1. Accueils, hébergements et offices chrétiens

TRINIDAD DE ARRE
– Hébergement : gîte des frères maristes, juste avant Pampelune. 36 places. Nuitée : 5 €. Parlent français. Possibilité de prier dans la basilique (XIIe s.).

3. *CAMINO FRANCÉS*
(de Puente la Reina à Saint-Jacques-de-Compostelle)

Navarre

PUENTE LA REINA
– *Hébergement : gîte dans le couvent des Padres Reparatores. 100 places.

CIRAUQUI
– *Hébergement : gîte paroissial (près de l'église).
– Messe : à 19 h.

VILLAMAYOR DE MONJARDÍN
– *Hébergement : gîte de 16 places.
– Messe (suivie de la bénédiction des pèlerins) : à l'église.

LOS ARCOS
– Messe (suivie de la bénédiction des pèlerins) : à 20 h en semaine et à 18 h le dimanche.

VIANA
– *Hébergement : gîte paroissial, accolé à l'église. Couchage au sol, sur des matelas. Repas généralement préparé en commun. Ouvert du 1er juin au 31 septembre.
– Messe (suivie de la bénédiction des pèlerins) : à l'église à 19 h 30 en semaine, à 12 h les dimanches et fêtes. Prière au gîte vers 21 h 45.

Guide pratique

La Rioja

LOGROÑO
– Messe : nombreux horaires de messes. Temps de prière, suivi d'une rencontre entre pèlerins le soir, à l'église Santa María del Palacio, à côté du gîte.

NAVARRETE
– Messe (suivie de la bénédiction des pèlerins) : à la paroisse.

SANTO DOMINGO DE LA CALZADA
– *Hébergements : gîte de la Cofradía del Santo (125 places, ouvert toute l'année) et gîte du monastère cistercien (40 places, ouvert de mai à septembre).
– Messe (suivie de la bénédiction des pèlerins) : à la cathédrale à 20 h en semaine et à 18 h le dimanche.

GRAÑÓN
– *Hébergement : gîte paroissial accolé à l'église. 30 places sur matelas au sol. Repas préparé en commun. Ouvert toute l'année.
– Messe : à 19 h en semaine et à 13 h le dimanche. Temps de prière pour les pèlerins, le soir et le matin.

Castilla y León

BELORADO
– *Hébergement : gîte paroissial. 24 places. Ouvert de la semaine sainte au mois d'octobre.
– Messe : tous les jours à 20 h. Temps de réflexion proposé aux pèlerins, l'après-midi, à l'église Santa María.

TOSANTOS
– *Hébergement : gîte paroissial. 20 places sur matelas au sol. Temps de prière, le soir, dans le petit oratoire du gîte. Ouvert d'avril à octobre.
– Messe : le dimanche matin.

1. Accueils, hébergements et offices chrétiens

SAN JUAN DE ORTEGA
- *Hébergement : gîte paroissial. 58 places. Ouvert toute l'année (pas de chauffage). En réfection en 2010 (vérifier sur place les possibilités d'accueil).
- Messe et bénédiction des pèlerins : se renseigner sur place, à l'église.

BURGOS
- *Hébergement : Casa Emaús (paroisse San José Obrero – calle San Pedro Cardeña, 31 bis). Temps de prière tous les soirs, dans l'oratoire du gîte. Partage du repas et des tâches matérielles. Aucune réservation possible. Ouvert à 14 h de la semaine sainte à la Toussaint.

ERMITA DE SAN NICOLAS (après Castrojeriz)

- *Hébergement : gîte dans l'église (Confraternita San Jacopo di Compostela di Perugia). 12 places. Temps de prière le soir. Ouvert de mai à septembre.

VILLALCÁZAR DE SIRGA
- Prière le soir à l'église.

CARRIÓN DE LOS CONDES
- Hébergement : gîte paroissial près de l'église Santa María del Camino, géré par les sœurs clarisses. Ouvert toute l'année.
- Messe (suivie de la bénédiction des pèlerins) : à la paroisse à 20 h en semaine, à 19 h le dimanche.

BERCIANOS DEL REAL CAMINO
- *Hébergement : gîte paroissial (pas de chauffage). 35 places. Tous les soirs, avant le repas, vêpres avec les pèlerins. Ouvert toute l'année.

Guide pratique

LEÓN

– *Hébergement : gîte du monastère bénédictin. 94 places + 100 places en été. Ouvert toute l'année.
– Messe : 19 h en semaine, et le dimanche matin au monastère des bénédictines ; messe du pèlerin à 19h30 dans la basilique San Isidoro.
– Offices communautaires : vêpres à 19 h, complies à 22 h avec bénédiction des pèlerins. Tous les soirs, avant le repas, vêpres avec les pèlerins dans le gîte.

HOSPITAL DE ORBIGO

– Hébergement : gîte paroissial (calle Alvarez Vega). 75 places. Nuitée : 3 €. Ouvert de mars à octobre.
– Messe : à 20 h.

RABANAL DEL CAMINO

– Messe : à 9 h.
– Offices communautaires : vêpres à 19 h, complies à 22 h avec bénédiction des pèlerins.

FONCEBADÓN

– *Hébergement : gîte paroissial. 18 places. Ouvert l'été.
– Messe : pas de messe mais temps de prière pour les pèlerins, le soir, dans l'église.

PONFERRADA

– *Hébergement : gîte paroissial Nicolas de Flüe (calle de la Loma). Ouvert toute l'année.
– Messe : à 20 h à la basilique Nuestra Señora de la Encina ; de mai à octobre, à la Ermita del Carmen (dans l'enceinte du gîte), messe ou/et prière en semaine à 19h30, et messe les dimanches et fêtes à 20 h.
– Temps de prière et bénédiction des pèlerins : 6h30 ou 7 h dans le gîte.

1. Accueils, hébergements et offices chrétiens

VEGA DE VALCARCE
– Offices communautaires : laudes le matin et messe le soir à la communauté franciscaine.

LA FABA
– Hébergement : gîte paroissial (accolé à l'église), géré par une association allemande. 35 places (et plus si groupes). Nuitée : 4 €. Ouvert d'avril à octobre.

Galice

O CEBREIRO
– Messe (suivie de la bénédiction des pèlerins) : à l'église, ouverte toute la journée.

TRIACASTELA
– Messe : pour les pèlerins, le soir. Église ouverte toute la journée.

SAMOS
– *Hébergement : gîte du monastère bénédictin (pas de chauffage). Ouvert toute l'année.
– Messe : quotidienne.
– Offices communautaires : possibilité de participer aux offices (laudes, vêpres et complies).
– Bénédiction des pèlerins : tôt le matin.

SAINT-JACQUES-DE-COMPOSTELLE

– Hébergements :
Convento de San Francisco (rúa Campiño de San Francisco, 3. Tél. : 981 58 16 00).

Guide pratique

Casa de Ejercicios Espirituales (Campus Sur – Avenida de las Ciencias – tél. : 981 59 22 28).
Centro Europeo de Peregrinación y Pastoral Juvenil «Juan Pablo II» (rúa das Estrelas – Monte del Gozo – tél. : 981 597 222).
– Délivrance de la *compostela* : Oficina del Peregrino. Rúa do Vilar, 1 (1er étage).
Tél. : 981 568 846.
Site : www.archicompostela.org
– Messe : tous les jours à midi, messe des pèlerins ; pendant les années saintes*, 4 messes des pèlerins à 10 h, midi, 18 h et 19h30.
– Rencontre avec un prêtre : on peut recevoir le sacrement de réconciliation dans la langue de son choix (s'adresser à la sacristie). De Pâques à fin octobre, une veillée de prières est proposée aux pèlerins. Après les rites de bénédiction et de purification, le prêtre explique la symbolique du Portique de la Gloire. Puis il invite les pèlerins à le suivre auprès du maître-autel, où chacun peut s'exprimer sur son cheminement. La veillée s'achève dans la Capilla de Nuestra Señora del Pilar par un *Salve Regina*. On peut ensuite descendre dans la crypte pour se recueillir auprès du tombeau.

2.
Le vade-mecum du jacquet

Outre les hébergeants, différentes structures se mettent au service du pèlerin. Le but de ce guide n'est pas de recenser les nombreuses associations jacquaires, dont le rôle est capital, mais de se limiter aux initiatives liées à la spiritualité du pèlerinage. Parmi celles-ci :

Rencontres avant et après le pèlerinage
– « Le Chemin après le chemin » (week-end de réflexion annuel, en novembre)
Compostelle 2000.
26, rue de Sévigné.
75004 Paris.
Tél. : 01 43 20 71 66.
E-mail : compostelle2000@orange.fr
Site : www.compostelle2000.com
– « Préparation spirituelle au pèlerinage » (une séance par mois à Paris et quelques séances en province)
Société française des Amis de Saint-Jacques-de-Compostelle.
8, rue des Canettes.
75006 Paris.
Tél. : 01 43 54 32 90.
E-mail : secretariat@compostelle.asso.fr
Site : www.compostelle.asso.fr

Groupes de réflexion
– Parcours Alpha
Les 450 équipes de « Parcours Alpha » en France, qui organisent des repas de réflexion sur le sens de la vie dans une ambiance conviviale et informelle, peuvent aider ceux qui le souhaitent à approfondir leur foi chrétienne au retour de leur pèlerinage.
Tél. : 01 39 70 51 14.
Site : www.parcours alpha.fr
– Groupe de spiritualité Saint-Jacques

Guide pratique

Émanation de la Confraternité des pèlerins de Saint-Jacques-de-Compostelle en Bourgogne, ce groupe s'est donné pour objectif de réfléchir à une spiritualité du Chemin. Il se réunit toutes les 6 semaines à Dijon en présence d'un prêtre.
Confraternité des pèlerins de Saint-Jacques-de-Compostelle en Bourgogne.
Maison Diocésaine.
9 bis, bd Voltaire.
21000 Dijon.
Tél. : 03 80 63 14 65.
E-mail : confraternite@st-jacques-bourgogne.org
Site : www.st-jacques-bourgogne.org

Retraites après le pèlerinage

Divers monastères reçoivent les pèlerins qui veulent effectuer une « relecture » de leur Chemin. Voici la liste établie par Webcompostella et l'Hospitalité Saint-Jacques d'Estaing :
[Légende : *Bén.* : bénédictins ; *Cist.* : cisterciens ; *Pré.* : prémontrés]

Abbayes féminines :
• Abbaye La Joie Notre-Dame *(Cist.)*.
56800 Campénéac.
Tél. : 02 97 93 13 26.
• Abbaye N.-D. de Belval *(Cist.)*.
62130 Troisvaux.
Tél. : 03 21 04 10 14.
• Abbaye N.-D. de Bonne-Espérance *(Cist.)*.
24410 Échourgnac.
Tél. : 05 53 80 82 50.
Femmes et couples seulement.
• Abbaye N.-D. de Bonneval *(Cist.)*.
12500 Le Cayrol.
Tél. : 05 65 44 48 83.
Femmes et couples seulement.
• Abbaye Sainte-Marie-du-Rivet *(Cist.)*.
33124 Auros.

2. Le vade-mecum du jacquet

Tél. : 05 56 65 05 33 ou 05 56 65 05 30 (standard).
Possibilité de repas.
• Abbaye Sainte-Scholastique *(Bén.)*.
81110 Dourgne.
Tél. : 05 63 50 75 70.
E-mail : hotellerie@benedictines-dourgne.org
• Monastères des dominicaines d'Orbey.
68370 Orbey.
Tél. : 03 89 71 23 30.
• Monastère Notre-Dame *(Bén.)*.
Urt.
64240 Hasparren.
Tél. : 05 59 70 20 28.
• Abbaye Saint-Louis du Temple *(Bén.)*.
Limon.
91430 Vauhallan.
Tél. : 01 69 85 28 96.

Abbayes masculines :
• Abbaye N.-D. d'Acey *(Cist.)*.
39350 Vitreux.
Tél. : 03 84 81 04 11.
• Abbaye N.-D. de Belloc *(Bén.)*.
Urt.
64240 Hasparren.
Tél. : 05 59 29 65 55.
• Abbaye N.-D. des Neiges *(Cist.)*.
07590 Saint-Laurent-les-Bains.
Tél. : 04 66 46 59 00.
E-mail : abbe.hugues@orange.fr
• Abbaye N.-D. de Randol *(Bén.)*.
63450 Cournolle.
Tél. : 04 73 39 31 00.
Fax : 04 73 39 05 28.
• Abbaye N.-D. de Sept Fons *(Cist.)*.
03290 Dompierre-sur-Besbre.

Guide pratique

Tél. : 04 70 48 14 90.
- Abbaye N.-D de Tamié *(Cist.)*.
Plancherine.
73200 Albertville.
Tél. : 04 79 31 15 50.
3 jours de retraite minimum.
- Abbaye N.-D. de Timadeuc *(Cist.)*.
BP 17.
56580 Rohan.
Tél. : 02 97 51 59 23.
E-mail : hotellerie@abbaye-timadeuc.fr
- Abbaye Sainte-Anne-de-Kergonan *(Bén.)*.
56340 Plouharnel.
Tél. : 02 97 52 30 75.
E-mail : communaute@kergonan.org
- Abbaye de Bellefontaine *(Cist.)*.
49122 Bégrolles-en-Mauges.
Tél. 02 41 75 60 40.
- Abbaye Saint-Benoît d'En-Calcat *(Bén.)*.
81110 Dourgne.
Tél. : 05 63 50 32 37.
Fax : 05 63 50 34 90.
- Abbaye Saint-Benoît de Fleury *(Bén.)*.
45730 Saint-Benoît-sur-Loire.
Tél. : 02 38 35 72 53.
Fax : 02 38 35 77 82.
E-mail : accueil@abbaye-fleury.com
- Abbaye Sainte-Marie-du-Désert *(Cist.)*.
31530 Bellegarde-Sainte-Marie.
Tél. : 05 62 13 45 45.
- Abbaye Sainte-Marie de la Pierre-qui-Vire *(Bén.)*.
89630 Saint-Léger-Vauban.
Tél. : 03 86 33 19 20.
E-mail : info@abbaye-pierrequivire.asso.fr
- Abbaye Saint-Martin *(Bén.)*.
86240 Ligugé.

Tél. : 05 49 55 21 12.
- Abbaye Saint-Martin de Mondaye *(Pré.)*.
14250 Juaye Mondaye.
Tél. : 02 31 92 58 11.
- Abbaye Saint-Pierre *(Bén.)*.
72300 Solesmes.
Tél. : 02 43 95 03 08.
Fax : 02 43 95 68 79.
E-mail : abbaye@solesmes.com
- Monastère N.-D. de la Sainte-Espérance *(Bén.)*.
10190 Mesnil-Saint-Loup.
Tél. : 03 25 40 40 82.
- Abbaye N.-D. de Sénanque *(Cist.)*.
84220 Gordes.
Tél. : 04 90 72 02 05.
Fax : 04 90 72 07 45.
E-mail : frere.hotellier@senanque.fr

Par ailleurs, l'Hospitalité Saint-Jacques d'Estaing et la communauté des Prémontrés de Conques organisent une retraite spirituelle annuelle (7 jours en février ou mars), dans ce même esprit.
Hospitalité Saint-Jacques.
Rue du Collège.
12190 Estaing.
Tél. : 05 65 44 19 00.

Confréries et fraternité jacquaires

Plusieurs confréries proposent à leurs membres des activités et des moments de prière dans l'esprit de la pérégrination jacquaire :

Archicofradía universal del apóstol Santiago
Remontant à 1499, elle a été promue au rang d'« Archiconfrérie *ad honorem* » en 1939 par le pape Pie XII. Son but est de « développer le culte à l'Apôtre et de favoriser le pèlerinage à son tombeau dans un sens chrétien ».
Archicofradía universal del apóstol Santiago.

Guide pratique

Plaza de la Quintana, s/n.
15704 Santiago de Compostela.
Tél. : 981 577 686.
E-mail : archicofradia@planalfa.es

Confrérie Saint-Jacques-de-Compostelle
Fondée en 1994 à Chartres sous le patronage de Mgr Jacques Perrier, elle réunit « dans une fraternité spirituelle tous ceux et celles qui ont effectué le pèlerinage à Saint-Jacques-de-Compostelle et veulent en conserver l'enseignement en mettant en pratique le message que Sa Sainteté le pape Jean-Paul II a lancé à Compostelle lors du rassemblement mondial de la jeunesse en 1989 ». Les confrères sont également invités à se dévouer à une œuvre d'Église (accueil des pèlerins, soin des malades, aide aux missionnaires, etc.). Il existe en France, dans des lieux de pèlerinage, plusieurs délégations régionales de cette confrérie.
(Par correspondance et par tél. uniquement) :
4, square du Pont-de-Sèvres.
92100 Boulogne-Billancourt.
Tél. : 01 46 05 80 50.

Confrérie des pèlerins de Saint-Jacques-de-Compostelle de Bordeaux et de Gironde
Elle a été fondée le 25 juillet 2008 pour faire renaître la confrérie des pèlerins de Saint-Jacques qui fut créée à Bordeaux au XIVe siècle. Elle regroupe les jacquets du département « qui, ayant effectué le pèlerinage à Saint-Jacques-de-Compostelle, désirent partager et approfondir leur vie spirituelle par la réflexion et la prière, dans l'esprit du Chemin ». Depuis 1622, la chapelle de la confrérie se trouve à la basilique Saint-Michel.
michelaborde@yahoo.fr
Tél. : 05 56 89 11 78.

Fraternité de l'Hospitalité Saint-Jacques
Elle permet de continuer à cheminer dans l'esprit du pèlerinage, en lien fraternel et spirituel avec la communauté de vie de l'Hos-

2. Le vade-mecum du jacquet

pitalité Saint-Jacques d'Estaing. C'est un engagement de service et de prière renouvelable chaque année.
Hospitalité Saint-Jacques (voir coordonnées ci-dessus).

Hospitaliers

Certains jacquets, ayant beaucoup reçu du Chemin, souhaitent se mettre à leur tour au service des pèlerins en devenant hospitaliers bénévoles. Voici quelques contacts qui les aideront dans leurs démarches.
• Plusieurs associations font régulièrement des « appels à hospitaliers » pour assurer l'accueil dans les gîtes. Parmi elles :
– Les Amis et Pèlerins de Saint-Jacques de la Voie de Vézelay
24, rue Saint-Pierre.
89450 Vézelay.
Tél. : 03 86 32 38 11
E-mail : chassain.jean-charles@wanadoo.fr
Site : www.amis-saint-jacques-de-compostelle.asso.fr
– Les Amis des Chemins de Saint-Jacques en Occitanie
Siège social : 28, rue de l'Aude.
31500 Toulouse.
Courrier : 107, av. de Lavaur.
31500 Toulouse.
Tél. : 06 70 27 45 42.
E-mail : compostelle.toulouse@free.fr
Site : compostelle.toulouse.free.fr
– Les Amis du Chemin de Saint-Jacques en Pyrénées-Atlantiques
Accueil Saint-Jacques.
39, rue de la Citadelle.
64220 Saint-Jean-Pied-de-Port.
Tél. : 05 59 37 05 09.
E-mail : caminopa@hotmail.com – Site : www.compostelle.fr
En collaboration avec les Amis de Saint-Jacques de Belgique :
Ancien Couvent des Franciscains.
64120 Saint-Palais.
Tél. : 05 59 65 90 77.

Guide pratique

– Comité d'accueil et des traditions saint-gilloises
3, impasse du Cloître.
30800 Saint-Gilles-du-Gard.
Tél. : 06 10 39 87 07.
E-mail : lou.paisan@voila.fr
• Une base de données nationale est ouverte à ceux qui recherchent des hospitaliers pour prodiguer l'accueil, et aux hospitaliers qui souhaitent proposer leurs services.
E-mail : jmlucien@webcompostella.com
Site : www.accueil-compostelle.net
• Chaque année, l'Hospitalité Saint-Jacques d'Estaing et la communauté des Prémontrés de Conques organisent :
– la rencontre de la Communion hospitalière Saint-Jacques (qui regroupe les signataires de la charte des hospitalités chrétiennes et ses partenaires), en hiver, ouverte à tous les hospitaliers bénévoles et aux pèlerins intéressés par l'accueil ;
– le pèlerinage des hospitaliers (ouvert à tous) vers Issendolus (Lot, voie de Rocamadour), sanctuaire de sainte Fleur, religieuse hospitalière de l'Ordre de Saint-Jean-de-Jérusalem et de Malte, devenue patronne des hospitaliers. Cette marche de trois jours a lieu autour du 5 octobre, jour de la fête de cette sainte.
Hospitalité Saint-Jacques (voir coordonnées ci-dessus).

3.
Prières pour le Chemin

LES PRIÈRES DE L'ÉGLISE ET DES SAINTS

Notre Père

Notre Père, qui es aux cieux,
que ton nom soit sanctifié,
que ton règne vienne,
que ta volonté soit faite
sur la terre comme au ciel.
Donne-nous aujourd'hui
notre pain de ce jour.
Pardonne-nous nos offenses,
Comme nous pardonnons aussi
à ceux qui nous ont offensés.
Et ne nous soumets pas à la tentation,
mais délivre-nous du Mal.

Je vous salue Marie

Je vous salue, Marie,
pleine de grâce ;
le Seigneur est avec vous.
Vous êtes bénie entre toutes les femmes
et Jésus, le fruit de vos entrailles, est béni.
Sainte Marie, mère de Dieu,
Priez pour nous,
pauvres pécheurs,
maintenant et à l'heure de notre mort.

Credo
(Symbole des apôtres)

Je crois en Dieu,
le Père tout-puissant,
Créateur du ciel et de la terre.
Et en Jésus-Christ,
son Fils unique, notre Seigneur,
qui a été conçu du Saint-Esprit,
est né de la Vierge Marie,
a souffert sous Ponce Pilate,
a été crucifié, est mort et a été enseveli,
est descendu aux enfers,
le troisième jour est ressuscité des morts,
est monté aux cieux,
est assis à la droite de Dieu le Père tout-puissant
d'où il viendra juger les vivants et les morts.
Je crois en l'Esprit saint,
à la sainte Église catholique,
à la communion des saints,
à la rémission des péchés,
à la résurrection de la chair,
à la vie éternelle.

Angélus

– L'Ange du Seigneur porta l'annonce à Marie.
– Et elle conçut du Saint-Esprit.
Je vous salue, Marie...

– Voici la servante du Seigneur.
– Qu'il me soit fait selon ta parole.
Je vous salue, Marie...

— Et le Verbe s'est fait chair,
— Et il a demeuré parmi nous.
Je vous salue, Marie...

Prière attribuée à saint François d'Assise

Seigneur,
Fais de moi un instrument de ta Paix.
Là où est la haine, que je mette l'amour.
Là où est l'offense, que je mette le pardon.
Là où est la discorde, que je mette l'union.
Là où est l'erreur, que je mette la vérité.
Là où est le doute, que je mette la foi.
Là où est le désespoir, que je mette l'espérance.
Là où sont les ténèbres, que je mette la lumière.
Là où est la tristesse, que je mette la joie.
Ô Seigneur, que je ne cherche pas tant
à être consolé qu'à consoler,
à être compris qu'à comprendre,
à être aimé qu'à aimer.

Car c'est en se donnant que l'on reçoit,
c'est en oubliant qu'on se retrouve soi-même,
c'est en pardonnant que l'on obtient le pardon,
c'est en mourant que l'on ressuscite à la Vie.

Cantique des créatures de saint François d'Assise

Très haut, tout puissant et bon Seigneur,
à toi louange, gloire, honneur,
et toute bénédiction ;
à toi seul ils conviennent, ô Très-Haut,
et nul homme n'est digne de te nommer.

Guide pratique

> Loué sois-tu, mon Seigneur,
> avec toutes tes créatures,
> spécialement messire frère Soleil,
> par qui tu nous donnes le jour, la lumière ;
> il est beau, rayonnant d'une grande splendeur,
> et de toi, le Très-Haut, il nous offre le symbole.
>
> Loué sois-tu, mon Seigneur,
> pour sœur Lune et les étoiles :
> dans le ciel tu les as formées,
> claires, précieuses et belles.
>
> Loué sois-tu, mon Seigneur, pour frère Vent,
> et pour l'air et pour les nuages,
> pour l'azur calme et tous les temps :
> grâce à eux tu maintiens en vie toutes les créatures.
>
> Loué sois-tu, mon Seigneur, pour notre sœur
> Eau,
> qui est très utile et très humble,
> précieuse et chaste.
> Loué sois-tu, mon Seigneur, pour frère Feu,
> par qui tu éclaires la nuit :
> il est beau et joyeux,
> indomptable et fort.
> Loué sois-tu, mon Seigneur, pour sœur
> notre mère la Terre,
> qui nous porte et nous nourrit,
> qui produit la diversité des fruits,
> avec les fleurs diaprées et les herbes.
>
> Loué sois-tu, mon Seigneur, pour ceux
> qui pardonnent par amour pour toi ;
> qui supportent épreuves et maladies :
> heureux s'ils conservent la paix,
> car par toi, le Très-Haut, ils seront couronnés.

3. Prières pour le Chemin

Loué sois-tu, mon Seigneur,
pour notre sœur la Mort corporelle,
à qui nul homme vivant ne peut échapper.

Malheur à ceux qui meurent en péché mortel ;
Heureux ceux qu'elle surprendra faisant
ta volonté,
car la seconde mort ne pourra leur nuire.

Louez et bénissez mon Seigneur,
rendez-lui grâce et servez-le
en toute humilité !

Prière d'abandon de Charles de Foucauld

Mon Père,
Je m'abandonne à toi,
Fais de moi ce qu'il te plaira
Quoi que tu fasses de moi,
Je te remercie.
Je suis prêt à tout, j'accepte tout.
Pourvu que ta volonté se fasse en moi
Et en toutes tes créatures
Je ne désire rien d'autre, mon Dieu.
Je remets mon âme entre tes mains.
Je te la donne, mon Dieu,
Avec tout l'amour de mon cœur,
Parce que je t'aime,
Et que ce m'est un besoin d'amour
de me donner,
De me remettre entre tes mains sans mesure,
Avec une infinie confiance,
Car tu es mon Père.

Prière de saint Ephrem le Syrien

Seigneur et Maître de ma vie,
éloigne de moi
l'esprit d'oisiveté, de découragement,
de domination et de vaine parole.
Mais accorde à ton serviteur
l'esprit d'intégrité, d'humilité,
de patience et de charité.
Oui, Seigneur et Roi,
donne-moi de voir mes fautes
et de ne pas juger mon frère,
car tu es béni aux siècles des siècles.
Amen.

Prière de consécration à la Vierge Marie de saint Louis-Marie Grignion de Montfort

Je vous choisis, aujourd'hui,
ô Marie,
en présence de toute la cour céleste,
pour ma Mère et ma Reine.
Je vous livre et consacre,
en toute soumission et amour,
mon corps et mon âme,
mes biens intérieurs et extérieurs,
et la valeur même de mes bonnes actions
passées, présentes et futures,
vous laissant un entier et plein droit
de disposer de moi et de tout ce
qui m'appartient,
sans exception,
selon votre bon plaisir,

à la plus grande gloire de Dieu,
dans le temps et l'éternité.

Veni Creator

Viens, Esprit Créateur nous visiter
Viens éclairer l'âme de tes fils ;
Emplis nos cœurs de grâce et de lumière,
Toi qui créas toute chose avec amour.

Toi le Don, l'envoyé du Dieu Très Haut,
Tu t'es fait pour nous le Défenseur ;
Tu es l'Amour, le Feu, la source vive,
Force et douceur de la grâce du Seigneur.

Donne-nous les sept dons de ton amour,
Toi le doigt qui œuvres au Nom du Père ;
Toi dont il nous promit le règne et la venue,
Toi qui inspires nos langues pour chanter.

Mets en nous ta clarté, embrase-nous,
En nos cœurs, répands l'amour du Père ;
Viens fortifier nos corps dans leur faiblesse,
Et donne-nous ta vigueur éternelle.

Chasse au loin l'ennemi qui nous menace,
Hâte-toi de nous donner la paix ;
Afin que nous marchions sous ta conduite,
Et que nos vies soient lavées de tout péché.

Fais-nous voir le visage du Très-Haut,
Et révèle-nous celui du Fils ;
Et toi l'Esprit commun qui les rassemble,
Viens en nos cœurs,
qu'à jamais nous croyions en toi.
Gloire à Dieu notre Père dans les cieux,

Gloire au Fils qui monte des enfers ;
Gloire à l'Esprit de Force et de Sagesse,
Dans tous les siècles des siècles. Amen.

LES PRIÈRES DU PÈLERINAGE

Prière du départ
(bénédiction figurant sur la créanciale)

Dieu tout-puissant, tu ne cesses de montrer
ta bonté à ceux qui t'aiment, et de te laisser
trouver par ceux qui te cherchent.
Sois favorable à ton pèlerin qui part
sur le chemin de Compostelle et dirige
ses pas selon ta volonté.
Sois pour lui un ombrage dans la chaleur
du jour, un abri dans les intempéries,
une lumière dans l'obscurité de la nuit,
un soulagement dans la fatigue,
afin qu'il parvienne heureusement
sous ta garde devant le tombeau
de l'apôtre Jacques.
Par Jésus, le Christ, notre Seigneur. Amen.

Bénédiction au départ des pèlerins

Seigneur, notre Dieu et notre Père,
écoute les prières que t'adressent ces pèlerins
en partance pour Compostelle.

Que l'Esprit saint fasse grandir la foi
dans leur cœur,

3. Prières pour le Chemin

qu'il donne force à leur espérance et renouvelle
sans cesse leur amour du prochain
rencontré en route.
Qu'ils arrivent sains et saufs au but
de leur voyage,
vivant en espérance et dans la prière
la promesse de la Jérusalem céleste
où tu nous rassembleras avec ton Fils
dans ta gloire et dans la communion de l'Esprit,
pour les siècles des siècles.

Que Notre Dame vous accorde sa protection
maternelle,
qu'elle vous défende dans les périls du voyage
et que, par son intercession, vous arriviez
sains et saufs à la fin de votre voyage.

Que saint Jacques vous aide à faire
de ce voyage
un temps de joie et d'amicales rencontres
sur les chemins
et à retrouver ensuite votre foyer
pour y partager votre foi réconfortée
dans le silence des longues marches.

Et que Dieu tout-puissant vous bénisse,
Le Père, le Fils et le Saint-Esprit.
Allez au nom du Seigneur.

Prière à saint Jacques

Monseigneur saint Jacques,
Toi qui as couru sur les chemins du monde
jusqu'au lointain Finisterre pour évangéliser les
peuples et qui, depuis ta bienheureuse aventure,

as voulu diriger les pas de la chrétienté vers ton Saint-Sépulcre, la guidant par une étoile resplendissante, la protégeant des périls des vieux chemins,
Guide et protège ces pèlerins d'aujourd'hui qui, soulevés par un sentiment identique, s'acheminent pour vénérer tes reliques.
Fais que leur voyage à Compostelle se déroule dans la joie et qu'ils retrouvent leur foyer avec un corps sain et une âme réconfortée par ta foi ardente.
Nous te demandons également, seigneur saint Jacques, que l'amour du prochain règne pleinement sur les routes du pèlerinage.

**Prière des pèlerins
(peinte en occitan sur les murs
de la chapelle de la domerie d'Aubrac)**

Ô Dieu,
qui avez fait partir Abraham de son pays
et l'avez gardé sain et sauf
à travers ses voyages,
accordez à vos enfants la même protection.
Soutenez-nous dans les dangers
et allégez nos marches.
Soyez pour nous une ombre contre le soleil,
un manteau contre la pluie et le froid ;
portez-nous dans nos fatigues
et défendez-nous contre tout péril.
Soyez le bâton qui évite les chutes
et le port qui accueille les naufragés
afin que, guidés par vous,

nous atteignions avec certitude notre but,
et revenions sains et saufs à la maison.

Va, pèlerin
(Fête de saint Antoine, tropaire)

Va, pèlerin, poursuis ta quête ;
va ton chemin,
que rien ne t'arrête.
Prends ta part de soleil
et ta part de poussière ;
le cœur en éveil,
oublie l'éphémère.
Tout est néant :
rien n'est vrai que l'amour.
N'attache pas ton cœur
à ce qui passe.
Ne dis pas : j'ai réussi,
je suis payé de ma peine.
Ne te repose pas dans tes œuvres :
elles vont te juger.
Garde en ton cœur la parole :
voilà ton trésor.
Tout est néant :
rien n'est vrai que l'amour.

Chant des pèlerins de Compostelle
(Paroles et musique de Jean-Claude Bénazet)

Tous les matins, nous prenons le chemin,
Tous les matins, nous allons plus loin,
Jour après jour, la route nous appelle,
C'est la voix de Compostelle.

Ultreia! ultreia!
E sus eia, Deus adjuva nos!

Chemin de terre et chemin de foi,
Voie millénaire de l'Europe,
La Voie lactée de Charlemagne,
C'est le chemin de tous les jacquets.

Et tout là-bas au bout du continent,
Messire Jacques nous attend,
Depuis toujours son sourire fixe
Le soleil qui meurt au Finisterre.

4.
Lexique

Année jubilaire compostellane (ou Année sainte) : année au cours de laquelle l'Église accorde des grâces particulières. Elle est proclamée chaque fois que la fête de l'Apôtre (le 25 juillet) tombe un dimanche, ce qui se produit quatre fois en vingt-huit ans au rythme régulier de 6, 5, 6, 11 ans. La prochaine aura lieu en 2021.

***Botafumeiro* (« qui jette de la fumée ») :** encensoir géant de la cathédrale de Saint-Jacques-de-Compostelle, suspendu à la coupole de la croisée. En laiton argenté, il mesure 1,60 mètre et pèse 58 kilos. Actionné par une équipe de huit *tiraboleiros*, il se balance à travers le transept lors de certaines messes et des grandes fêtes. Son usage étant coûteux, il fonctionne grâce aux dons faits à la cathédrale.

Bourdon : bâton du pèlerin de Saint-Jacques. Selon le linguiste Du Cange, ce terme viendrait du bas-latin *burdo* qui désigne le bardot, croisement d'un cheval et d'une ânesse : le bourdon remplacerait alors symboliquement cet animal de bât.

Calebasse : fruit de la plante du même nom appartenant à la famille des cucurbitacées qui, vidé et séché, peut contenir du liquide et servir ainsi de gourde.

***Compostela* :** certificat remis à Saint-Jacques-de-Compostelle par la Oficina del Peregrino (bureau d'accueil des pèlerins situé rúa do Vilar, 1), sur présentation de la *credencial* ou de la créanciale, aux jacquets qui ont effectué dans un esprit de pèlerinage chrétien au moins les 100 derniers kilomètres à pied ou les 200 derniers kilomètres à vélo. Il s'agit là d'une ancienne tradition, car les premiers exemplaires imprimés datent du xvie siècle.

Guide pratique

Confrérie jacquaire : société de fidèles désireux d'entretenir leur dévotion envers l'Apôtre. Il existe actuellement plusieurs confréries qui proposent aux jacquets de poursuivre leur vie dans l'esprit du Chemin.
Coquille Saint-Jacques (*concha* ou *vieira* en espagnol) : emblème par excellence du pèlerin de Saint-Jacques. De même que le pèlerin de Jérusalem rapportait une palme de Jéricho (et était, de ce fait, appelé «paulmier»), de même le jacquet rapportait une coquille de Saint-Jacques-de-Compostelle, et l'arborait ensuite pour prouver qu'il revenait de Galice.
Créanciale et *credencial* : carnets, héritiers de la «lettre de créance» médiévale, où le pèlerin fait apposer un tampon (*sello*, en espagnol) à chaque étape. Ce document est obligatoire en Espagne, pour dormir dans les gîtes, et vivement recommandé en France. La *credencial* est notamment délivrée par les associations jacquaires. Quant à la créanciale, elle est proposée par l'Église catholique de France. On peut l'obtenir, avant son départ, en demandant au curé de sa paroisse une lettre de recommandation puis en contactant la Direction des Pèlerinages (pelerinages@diocese-paris.net ou tél. : 01 55 79 96 03). Sur le Chemin, elle est également délivrée par les autorités religieuses des grands sanctuaires ainsi que dans certains accueils chrétiens.
***Donativo* :** se traduit par «libre participation aux frais». En France comme en Espagne, certains gîtes et la plupart des accueils chrétiens fonctionnent sur ce principe.
Hospitalier (*hospitalero*, en espagnol) : bénévole qui, dans certains lieux d'accueils, en France et en Espagne, se met au service des pèlerins pour rendre ce que le Chemin lui a donné.
Insigne (ou enseigne) : broche de plomb ou d'étain que les pèlerins achetaient dans les sanctuaires de

pèlerinage, et accrochaient à leur chapeau ou à leur cape. On en trouve aujourd'hui l'équivalent à travers certains objets souvenirs, telles les broches représentant la croix de Saint-Jacques, ou la reproduction de la sportelle de Rocamadour.

Jacquet, jacquot, jacobipète ou saint-jacquaire : appellations du pèlerin de Saint-Jacques. À ne pas confondre avec «coquillard», faux jacquet qui arborait la coquille pour dissimuler ses mauvaises intentions.

Mont de la joie : lieu d'où l'on aperçoit, pour la première fois, le sanctuaire si longtemps désiré. Selon l'itinéraire choisi, le pèlerin pourra en trouver plusieurs sur sa route : la croix Montjoie, sur la route de Vézelay, les rochers de la Montjoie, à Mortain, d'où l'on aperçoit le Mont-Saint-Michel, Montgausi, aux environs du Puy-en-Velay, et enfin le fameux Monte del Gozo, à l'arrivée à Saint-Jacques-de-Compostelle.

Pèlerin : vient du latin *peregrinus*, composé de *per* (c'est-à-dire «à travers») et de *ager* («champ»). Le pèlerin est donc, étymologiquement, «celui qui dépasse les limites de son champ» et donc, par extension, l'étranger.

Porte du pardon : porte dont le passage est attaché à une grâce particulière. En franchissant la Porte du pardon de l'église Santiago de Villafranca del Bierzo, le pèlerin épuisé ou malade, incapable d'achever son pèlerinage, gagnait les mêmes indulgences que s'il était allé jusqu'à Compostelle. À la cathédrale de Saint-Jacques-de-Compostelle, cette Porte du pardon est la Porte sainte, qui n'est ouverte qu'à l'occasion des années jubilaires.

Procuration : terme appliqué aux «pèlerins vicaires» (de *vicarius*, substitut, remplaçant), professionnels ou non, qui accomplissaient un pèlerinage pour le compte d'autrui, ou «par procuration». Cet usage s'est perdu, mais son esprit demeure dans les pèlerinages effectués pour un proche ou un malade, si bien évoqués par le titre du livre de Pierre Barret et Jean-Noël Gurgand : *Priez pour nous à Compostelle*.

Romieu : adjectif ou nom qui signifie, au sens strict, «de Rome» ou «pèlerin qui va à Rome». Quel que soit son itinéraire, le pèlerin de Saint-Jacques croisera des toponymes (Camin romieu, gîte del Romiou, communes de La Romieu et de Font-Romeu, etc.) qui pourraient lui faire croire qu'il se trouve sur la route qui mène au tombeau de saint Pierre. En réalité, au Moyen Âge, jacquets et romieux empruntaient parfois les mêmes chemins, et le terme de «romieux» en vint ainsi à désigner les pèlerins en général.

***Ultreia* :** cri de ralliement et d'encouragement des pèlerins de Saint-Jacques. Ce terme est issu de la célèbre exclamation du *Dum Pater Familias*, cantique consigné dans le *Codex Calixtinus* : «*E ultreia! E sus eia! Deus aia nos!*» («Plus loin! Plus haut! Que Dieu nous aide!»).

5.
Bibliographie et discographie

Voici, en complément des récits cités dans ce guide, quelques titres choisis parmi les nombreux ouvrages sur les chemins de Saint-Jacques, ainsi qu'une discographie jacquaire.

Livres

Histoire et patrimoine :

Avec saint Jacques à Compostelle, Georges Berson, Desclée de Brouwer, 2005.

Saint-Jacques-de-Compostelle. Puissances du pèlerinage, Alphonse Dupront (dir.), Brepols, 1985.

Les Chemins de Saint-Jacques-de-Compostelle, collectif, MSM, 1999.

Chemins de Saint-Jacques, collectif, Gallimard, « Encyclopédies du voyage », 1999 ; nouvelle édition actualisée 2009.

Les Nouveaux Chemins de Compostelle en terre de France, Patrick Huchet (texte) et Yvon Boëlle (photographies), Éditions Ouest-France, 2009.

« Compostelle, l'appel du Chemin », *Pèlerin* hors-série, 2009.

Spiritualité du pèlerinage :

Guide spirituel du pèlerin. En chemin avec saint Jacques, Communauté des prémontrés de Conques et Hospitalité Saint-Jacques d'Estaing, 1993 ; 4ᵉ éd., 2008.

Livret culturel et spirituel du pèlerin de Saint-Jacques sur la voie historique de Vézelay, frère Jean-Baptiste Auberger, ofm, Les Amis et Pèlerins de Saint-Jacques de la Voie de Vézelay, 2004 ; 3ᵉ éd., 2010.

Prier en marchant, père Michel Bureau, sj, Fêtes & Saisons/Cerf, « Les carnets », 2002.

Nomades. Le petit livre du marcheur et du pèlerin, Jacques Nieuviarts, Bayard, 2008.

365 méditations sur les chemins de Compostelle, Luc Adrian (choix des citations) et Yvon Boëlle (photographies), Presses de la Renaissance, 2006.

365 méditations en chemin vers Compostelle, Léonnard Leroux, Presses de la Renaissance, 2010.

Expérience intérieure de la marche :

La Marche. Textes non bibliques pour réfléchir, méditer, célébrer, frère Jean-Pierre Mouton (dir.), Les Éditions de l'Atelier, 1995.

Éloge de la marche, David Le Breton, Métailié, 2000.

Marcher, méditer, Michel Jourdan et Jacques Vigne, Albin Michel, 1998.

Marcher, une philosophie, Frédéric Gros, Carnets Nord, 2009.

CD

Sur les chemins de Saint-Jacques, Ensemble Amadis, Éditions Jade, 1998.

Vox Iberica I. Donnersöhne/Sons of Thunder, Deutsche Harmonia Mundi, 1992.

Saint-Jacques-de-Compostelle, Chœur Aurore, 1999.

5. Bibliographie et discographie

L'Appel de Saint-Jacques, Patrice et Roger Martineau, Robert Hossein, Éditions Jade, 1999.

Santiago, André Gouzes, Éditions de Sylvanès, 2008.

Le Pèlerin, oratorio jacquaire, André Gouzes et Jean-François Capony, Éditions de Sylvanès, 2009.

Index

« Le chemin d'un témoin »

ADRIAN Luc (p. 190-191) : journaliste et écrivain, auteur notamment, aux Presses de la Renaissance, de *Foi dite en passant* (1997), *Des fleurs en enfer* (2000), *Compostelle. Carnet de route d'un pèlerin* (2002 ; 2010), *365 méditations sur les chemins de Compostelle* (2006).

ALBRECHT Pierre-Yves (p. 118-119) : philosophe et thérapeute, fondateur des foyers « Rives du Rhône » et de l'académie « Aurore » ; auteur notamment de *40 jours dans le désert* (Saint-Augustin, 2000) et *Au coeur des Zaouïas* (Presses de la Renaissance, 2004). Site : www.academieaurore.ch

BERNÈS Georges (p. 22-23) : prêtre à Montesquiou (Gers), auteur du premier guide jacquaire moderne, *Le Chemin de Saint-Jacques en Espagne* (CGEC, 1973), et du *Chemin de Saint-Jacques-de-Compostelle : guide pratique du pèlerin en Espagne* (Randonnées pyrénéennes, 1986).

BERNIER Claude (p. 82-83) : québécois, membre fondateur de l'Association québécoise des pèlerins et amis du chemin de Saint-Jacques, auteur de six livres sur les voies jacquaires françaises et ibériques.

BOURLÈS Jean-Claude (p. 142-143) : écrivain, auteur notamment de *Retours à Conques* (Payot, 1993), *Le grand chemin de Compostelle* (Payot, 1995), *Passants de Compostelle* (Payot, 1999) et *Pèlerin sans église* (DDB, 2007).

CEBRIÁN FRANCO Jenaro (p. 214-215) : prêtre espagnol, responsable de l'accueil des pèlerins à Saint-Jacques-de-Compostelle.

Index

Cortés Édouard (p. 70-71) : grand voyageur, réalisateur et auteur notamment de *Paris-Saigon : 16 000 km en 2 CV dans l'esprit de Larigaudie* (Presses de la Renaissance, 2005) et, avec sa femme Mathilde, d'*Un chemin de promesses : 6 000 km à pied et sans argent de Paris à Jérusalem* (XO, 2008). Site : www.enchemin.org

Ji Dahai (p. 130-131) : artiste peintre et calligraphe, auteur de *Un artiste chinois, pèlerin de l'art, sur les chemins de Compostelle* (Ouest-France, 2005). Site : www.ji-dahai.com

Gobilliard Emmanuel (p. 34-35) : prêtre diocésain, recteur de la cathédrale du Puy-en-Velay (Haute-Loire).

Guillorel Karen (p. 202-203) : éditrice, artiste multimédia et auteur de *De l'aventure au voyage intérieur* (Presses de la Renaissance, 2009).

Ihidoy Sébastien (p. 166-167) : prêtre à Cambo-les-Bains (Pyrénées-Atlantiques).

Lacour Laurence (p. 58-59) : journaliste et écrivain, auteur notamment de *Jendia, Jendé : tout homme est homme sur les chemins de Compostelle* (Bayard, 2003).

Leroux Léonnard (p. 178-179) : photographe, auteur notamment de *Plus loin que nos pas, de Compostelle à Jérusalem* (Tobias, 2004), *Sacrés chemins de Saint-Jacques-de-Compostelle* (Déclics, 2006), *365 méditations en chemin vers Compostelle* (Presses de la Renaissance, oct. 2010).

Mosser Gilbert (p. 238-239) : président de l'Association des Amis de Saint-Jacques d'Alsace, auteur de *Tisserands de Compostelle* (2000), co-auteur du *Guide du pèlerin de Compostelle en Alsace* (avec Jean-Baptiste Cilio, Lepère, 2005).

Index

OLLIVIER Bernard (p. 154-155) : journaliste, écrivain, auteur notamment de *Longue marche* (3 tomes, Éditions Phébus, 2000-2003) et de *La Vie commence à 60 ans* (Éditions Phébus, 2008). Fondateur de l'association Seuil. Site : www.assoseuil.org

PÉRENNOU Ronan (p. 46-47) : hospitalier dans le Finistère (Ospital Bodelio, 29340 Riec-sur-Belon).

POIVRE D'ARVOR Patrick (p. 226-227) : journaliste et écrivain, auteur notamment de *Les Enfants de l'aube* (Lattès, 1982 ; 2004), *À demain ! En chemin vers ma liberté* (Fayard, 2008), *L'Irrésolu* (Albin Michel, 2000) et *Tenir et se tenir* (Presses de la Renaissance, coll. «Chemin faisant», 2010).

VINCENOT Claudine (p. 94-95) : écrivain, auteur notamment de *Le Maître du bonheur : mon père Henri Vincenot* (Anne Carrière, 1995) et *Confidences des deux rivages* (Anne Carrière, 1999).

WEILL André (p. 106-107) : professeur de yoga, auteur notamment de *T'es toi quand tu marches, de Saint-Antoine en Dauphiné à Saint-Jacques-de-Compostelle* (Le Mercure Dauphinois, 2002). Site : www.andreweill.fr

«Le chemin d'un pèlerin»

ADRIAN Luc, *Compostelle. Carnet de route d'un pèlerin*, Presses de la Renaissance, 2002 (p. 141).

BACCHETA Florence, *En marche vers Compostelle*, Tricorne/Cerf, 1994 (p. 225).

BARRET Pierre et GURGAND Jean-Noël, *Priez pour nous à Compostelle*, Hachette, 1978 (p. 201).

BERSON Georges, *Avec saint Jacques à Compostelle*, DDB, 2005 (p. 189).

Index

Bourlès Jean-Claude, *Le grand chemin de Compostelle*, Payot, 1995 (p. 81).

Bureau Michel, *Pèlerin ! Marcher vers Compostelle*, Vie chrétienne, 2002 (p. 57).

Cambriels Marie-Virginie, *Un Chemin d'étoiles*, Orion, 2004 (p. 213).

Chaussade Jean, *Itinérances. Un pèlerin sur le chemin de Saint-Jacques*, Téqui, 2003 (p. 33).

Gantelet Léo, *En si bon chemin... vers Compostelle*, Éditions de L'Astronome, 2009 (p. 153).

Genin Pierre, *Pèlerin de Saint-Jacques, lève-toi et marche*, Parole et Silence/Mols, 2006 (p. 105).

Grandais Serge, *Récits d'un pèlerin français*, Salvator, 2000 (p. 45).

Grégoire Jean-Yves, *Le Chemin des Étoiles*, Rando éditions, 1998 (p. 117).

La Héronnière Édith de, *La Ballade des pèlerins*, Mercure de France, 1993 (p. 21).

Lacour Laurence, *Jendia, jendé. Tout homme est homme sur le chemin de Compostelle*, Bayard, 2003 (p. 129).

Laplane José et Michèle, *Itinéraire spirituel pour Compostelle*, Éditions de La Table Ronde, 2001 (p. 165).

Ollivier Bernard, *La vie commence à 60 ans*, Éditions Phébus, 2008 (p. 69).

Papin-Suteau Jacqueline, *Compostelle. Un chemin de pierres et d'étoiles*, Nantes & Laval, Siloë, 2000 (p. 93).

Robineau Maryvonne et Bruno, *Compostelle en famille*, Opéra, 2005 (p. 237).

Strickler Albert, lettre à Gilbert Mosser, *Mon cœur est une étoile*, auto-édition, 1991 (p. 177).

Les auteurs de ce guide

Gaële de La Brosse (dir.) : écrivain et journaliste, docteur ès lettres, familière des chemins de Compostelle et d'autres routes de pèlerinage, auteur du livre *Tro Breiz, les chemins du Paradis* (Presses de la Renaissance, 2006), cofondatrice de la revue et du réseau *Chemins d'étoiles*.

Christophe Rémond (dir. litt.) : directeur éditorial des Presses de la Renaissance, auteur de six ouvrages dans la même maison, dont *Un amour universel* et *365 méditations, Sagesse du désert*.

Luc Adrian : écrivain et journaliste à *Famille Chrétienne*, arpente depuis plusieurs années les routes de pèlerinage, auteur aux Presses de la Renaissance de quatre ouvrages sur ce thème (*cf.* p. 311).

Gilles Donada : journaliste, chef du service web du *Pèlerin* et auteur du blog des marcheurs (http://marcheurs.blog.pelerin.info). Il effectue par tronçons les pèlerinages de Compostelle et de Saint-Gilles.

Karen Guillorel : éditrice et artiste multimédia, pèlerine de Saint-Jacques-de-Compostelle et de Jérusalem, auteur du livre *De l'aventure au voyage intérieur* (Presses de la Renaissance, 2009).

Fr. Jean-Régis Harmel : prémontré de l'abbaye de Mondaye résidant à Conques, auteur de *Conques. Un religieux raconte son village* (L'Atelier, 1998 ; rééd. 2009).

Les auteurs de ce guide

Odile Haumonté : auteur de romans pour la jeunesse, de plusieurs livres sur les vies de saints, de romans historiques et du *Grand livre des saints* (Presses de la Renaissance, octobre 2010).

Humbert Jacomet : conservateur du Patrimoine, pèlerin de Compostelle, a consacré sa thèse à l'iconographie de saint Jacques le Majeur, auteur d'une cinquantaine d'articles sur l'univers compostellan.

Jean-Marc Lucien : président de Webcompostella, accueille les pèlerins depuis 2006 avec son épouse à Saint-Privat d'Allier.

En vue des prochaines rééditions de ce guide, vous pouvez nous faire part de vos remarques et nous communiquer les informations que vous aimeriez y voir figurer à l'adresse électronique suivante : ass.comm@pressesdelarenaissance.com

Les auteurs de ce guide

Yvon Boëlle

Photographe des pays celtes, Yvon Boëlle parcourt sans relâche les chemins de l'Arc Atlantique et plus particulièrement les chemins de Compostelle dont il s'est fait une spécialité. Il est l'auteur des photographies de nombreux ouvrages parmi lesquels, aux Éditions Ouest-France, *Sur les chemins de Compostelle*, vendu à près de 300 000 exemplaires (avec Patrick Huchet, 2002), et *Les Nouveaux Chemins de Compostelle en terre de France* (avec Patrick Huchet, 2009). Il a également réalisé aux Presses de la Renaissance, en collaboration avec Luc Adrian : *365 méditations sur les chemins de Compostelle* (2006) et *365 méditations sur les chemins de la Bretagne sacrée* (2009).
Site : www.yvon-boelle.com

Léonnard Leroux

À 16 ans, Léonnard Leroux accomplit sa première pérégrination solitaire sur les routes du Tro Breiz. Allant et venant entre la Bretagne, les chemins de Saint-Jacques et l'Auvergne, il marche en 2001 jusqu'à Jérusalem. Son ouvrage *De Compostelle à Jérusalem, plus loin que nos pas* (Tobias, 2004) témoigne de ce parcours de pèlerin-photographe. Il publie ensuite *Bourbonnais 03* (avec Christiane Keller et Jacques Paris, Tobias, 2006) puis, aux éditions Déclics, cinq livres sur les différentes voies qui mènent à Compostelle (avec Anthony Serex) et, aux Presses de la Renaissance, deux beaux livres : *365 méditations en chemin vers Compostelle* et *365 méditations sur les routes de Jérusalem* (octobre 2010).
Site : www.leonnard.com

Table

Avant-propos	5
1. Invitation au pèlerinage	9
2. L'appel de la route	17
3. Le départ	29
4. Les attributs du jacquet	41
5. Voyager léger	53
6. Le rythme de la marche	65
7. Communier avec la nature	77
8. Passeurs, passages	89
9. Épreuves et tentations	101
10. La purification intérieure	113
11. Rencontrer l'autre	125
12. Gravir les montagnes	137
13. La traversée du désert	149
14. L'hospitalité	161
15. La marche à l'étoile	173
16. L'Apôtre aux côtés du pèlerin	185
17. À l'approche de Santiago	197
18. L'arrivée	209
19. Jusqu'à la fin des terres	221
20. Le cheminement après le Chemin	233
Guide pratique	249
1. Accueils, hébergements et offices chrétiens	251
2. Le vade-mecum du jacquet	283
3. Prières pour le Chemin	291
4. Lexique	303
5. Bibliographie et discographie	307
Index	311

Copyrights photos :
- p. 19 © Bibliothèque Sainte-Geneviève, Paris.
- p. 103 © Office de tourisme de Chartres/Chartres visitors & Convention bureau.
- p. 130 © Roland Michaud.
- p. 154 © Gérard Loucel.
- p. 175 © Bibliothèque municipale de Toulouse.
- p. 226 © A Prime Group.
- p. 315 © Cyrille de Châtillon pour Gaële de La Brosse
- p. 317 © Christian Gouêrou pour Yvon Boëlle.

Pour en savoir plus
sur les Presses de la Renaissance
(catalogue complet, auteurs, titres,
extraits de livres, revues de presse,
débats, conférences…),
vous pouvez consulter notre site Internet :
www.presses-renaissance.com

*Composé par Nord Compo
à Villeneuve-d'Ascq*

Impression : Normandie Roto Impression s.a.s. à Lonrai
Dépôt légal : mars 2010 - N° d'impression : 100931
Imprimé en France